民营经济

发展实践探索

程林顺 著

西南财经大学出版社

中国·成都

图书在版编目(CIP)数据

民营经济发展实践探索/程林顺著.—成都:西南财经大学出版社,2023.8
ISBN 978-7-5504-5889-5

Ⅰ.①民…　Ⅱ.①程…　Ⅲ.①民营经济—经济发展—研究—中国
Ⅳ.①F121.23

中国国家版本馆 CIP 数据核字(2023)第 144180 号

民营经济发展实践探索

MINYING JINGJI FAZHAN SHIJIAN TANSUO

程林顺　著

责任编辑:林　伶
助理编辑:马安妮
责任校对:李　琼
封面设计:墨创文化
责任印制:朱曼丽

出版发行	西南财经大学出版社(四川省成都市光华村街55号)
网　　址	http://cbs.swufe.edu.cn
电子邮件	bookcj@swufe.edu.cn
邮政编码	610074
电　　话	028-87353785
照　　排	四川胜翔数码印务设计有限公司
印　　刷	成都市火炬印务有限公司
成品尺寸	170mm×240mm
印　　张	12
字　　数	200 千字
版　　次	2023 年 8 月第 1 版
印　　次	2023 年 8 月第 1 次印刷
书　　号	ISBN 978-7-5504-5889-5
定　　价	68.00 元

前　言

　　2023 年 3 月 6 日下午，习近平总书记看望了参加全国政协十四届一次会议的民建、工商联界委员并参加联组会，听取意见和建议。他强调，党中央始终坚持"两个毫不动摇""三个没有变"，"我们始终把民营企业和民营企业家当作自己人"，希望民营企业家"放开手脚，轻装上阵，专心致志搞发展"。习近平总书记亲自为民营经济发展"撑腰"，强调鼓励支持民营经济和民营企业发展壮大，支持中小微企业和个体工商户发展，要引导民营企业和民营企业家正确理解党中央方针政策，增强信心、轻装上阵、大胆发展，实现民营经济健康发展、高质量发展。

　　新时代新征程中，一大批有胆识、勇创新的民营企业家茁壮成长，形成了具有鲜明时代特征、民族特色、世界水准的中国企业家队伍。在民营经济发展的历史过程中，民营企业家带领企业战胜种种困难，走向更加辉煌灿烂的未来，大力弘扬企业家精神，在爱国、创新、诚信、社会责任和国际视野等方面不断提升自己，努力成为新时代构建新发展格局、建设现代化经济体系、推动高质量发展的生力军。民营企业家始终不断增强爱国情怀，把企业发展同国家繁荣、民族兴盛、人民幸福紧密结合在一起，主动为国担当、为国分忧，带领企业奋力拼搏、力争一流，实现更高质量、更好效益、更强竞争力、更大影响力的发展。

　　为推动新时代民营经济不断创新发展，应当深入开展民营经济人士理想信念教育，建设高素质民营经济代表人士队伍。鼓励民营企业家勇于创新，坚持做创新发展的探索者、组织者、引领者，勇于推动生产组织创新、技术创新、市场创新，重视技术研发和人力资本投入，有效调动员工创造力，努力把企业打造成为强大的创新主体。引导民营企业家争做诚信守法的表率，带动全社会道德素质和文明程度提升。支持民营企业家勇于承担社会责任，努力稳定就业岗位，关心员工健康，同员工携手渡过难关。对思想政治觉悟高、行业代表性强、参政议政能力强、社会信誉好、贡献大的民营经济代表人士，要推动他们在转型升级、创新发展、生产经营、履行社会责任和个人政治成长方面上一个新的台阶。

本书是在前期研究成果的基础之上形成的，主要内容包括我国民营经济发展相关政策的历史演进、工商联与促进"两个健康"工作机制、新时代民营经济人士社会责任、新时代民营经济创新发展以及四川民营经济发展。本书的选题来源于笔者主持完成的省部级课题"新时代非公有制经济人士履行社会责任测评分析与对策研究"以及调研报告《新时代民营企业家的结构变化、思想态度与社会行为研究》《促进民营经济创新发展研究》《引导非公有制经济人士弘扬企业家精神研究》。在此，感谢四川统一战线研究智库课题组在完成省委统一战线智库项目"四川省政商环境改革与民营企业家精神培育研究"过程中提供的研究支持。本书适合作为民营企业家教育培训、党政干部学习和民营经济研究的参考用书。

程林顺

2023 年 6 月

目　录

第一章　我国民营经济发展相关政策的历史演进

　　民营经济是一种习惯性称谓，它是区别于国有经济的经济实体。民营经济是由本国居民投资创办、经营或控股经营的企业和经济实体的总和。国有经济和集体经济指所有权属于国家或集体的经济成分。民营经济是国有及国有控股、外资及外资控股之外的经济成分的总和。民营经济的主要成分是私营企业、个体工商户。民营经济作为我国经济制度的内在要素，始终是坚持和发展中国特色社会主义的重要经济基础；民营经济人士作为我们自己人，始终是我们党长期执政必须团结和依靠的重要力量。

　　我国法律或者政策性文件里常见"非公有制经济"的表述形式，非公有制经济是相对于公有制经济而言的一个名词。公有制经济不仅包括国有经济和集体经济，还包括混合所有制经济中的国有成分和集体成分。非公有制经济主要是指个体经济和私营经济，非公有制经济代表人士主要是个体经济和私营经济两种经济成分中的代表人士。个体经济，是生产资料个人所有制经济，它的基本特征是以经营者本人或者家庭成员劳动为主，由个人支配其劳动所得的一种经济形式。私营经济，是在个体经济基础上发展起来的、具有一定规模的经济形式，它的基本特征是生产资料私人所有、雇工为主，以取得利润为目的的所有制形式。改革开放以来，我国形成了以公有制为主体、多种所有制经济共同发展的基本经济制度，非公有制经济是社会主义市场经济的重要组成部分。

一、社会主义革命和建设时期的经济政策

（一）三年国民经济恢复时期我国实行的新民主主义经济政策

1949 年 9 月 29 日颁布的《中国人民政治协商会议共同纲领》（以下简称《共同纲领》）规定，对中国的国营经济、合作社经济、农民和手工业者的个体经济、私人资本主义经济和国家资本主义经济，实行"以公私兼顾、劳资两利、城乡互助、内外交流的政策，达到发展生产、繁荣经济之目的"。《共同纲领》第三条规定：保护工人、农民、小资产阶级和民族资产阶级的经济利益及其私有财产，发展新民主主义的人民经济。国家应在经营范围、原料供给、销售市场、劳动条件、技术设备、财政政策、金融政策等方面，调剂国营经济、合作社经济、农民和手工业者的个体经济、私人资本主义经济和国家资本主义经济，使各种社会经济成分在国营经济领导之下，分工合作，各得其所，以促进整个社会经济的发展。实行在国营经济领导下多种经济成分并存的所有制制度，调动了各种经济成分的积极性，中国国民经济在极其困难的情况下得到恢复和发展。

（二）过渡时期的总路线

（1）过渡时期总路线的内容

国民经济恢复后，1952 年 9 月，毛泽东同志提出新的设想，即从当时开始用 10 到 15 年的时间基本完成社会主义过渡。1953 年 6 月，毛泽东同志提出并逐步形成关于党在过渡时期的总路线的完整表述。

1953 年 9 月，中共中央公布党在过渡时期的总路线，即要在一个相当长的时期内，逐步实现国家的社会主义工业化，并逐步实现国家对农业、手工业和资本主义工商业的社会主义改造。1956 年我国完成社会主义改造，对资本主义工商业采取了"利用、限制、改造"的方针和"和平赎买"的政策，至此中国的私营经济基本消失，此后的 20 多年间，私营经济发展一度受到排斥。

（2）社会主义改造的历史经验

工业化是历史发展的必然要求，只有实现社会主义工业化，国家才能独立和富强。我国对资本主义工商业的社会主义改造包含：第一，改造的

政策——和平赎买。第一步主要实行初级形式的国家资本主义，国家在私营工业中实行委托加工、计划订货、统购包销，在私营商业中采取委托经销、代销等形式，企业的利润按国家所得税、企业公积金、工人福利费、资方红利四个部分进行分配，即"四马分肥"；第二步主要实行个别企业的公私合营；第三步是在全行业公私合营后采取定息制度，即按合营时的资本家股份资产，由国家在一定年限内，每年付给资本家一般为资产总额百分之五的利息，同时对资方从业人员保留高薪。第二，改造的形式从加工订货、统购包销、经销代销到个别企业公私合营，再到全行业公私合营。全行业公私合营后，企业的生产关系发生了根本的变化，基本上成为社会主义国营性质的企业。第三，把资本主义工商业者改造成为自食其力的社会主义劳动者。1953 年，中央和地方成立工商联组织，培养了荣毅仁、王光英等代表人物。1956 年底完成了全面公有制改造的历史任务。

（3）对农业、手工业的社会主义改造

第一，积极引导农民组织起来，走互助合作道路；第二，遵循自愿互利、典型示范和国家帮助的原则，以互助合作的优越性吸引农民参加生产合作社；第三，坚持积极领导、稳步前进的方针，采取循序渐进的步骤，对个体手工业的改造采取手工业生产小组到手工业供销合作社再到手工业生产合作社的形式。我国社会主义改造中存在的不足主要表现为：要求过急、改变过快、工作过粗、形式过于简单划一。

二、改革开放初期的民营经济发展政策

（一）允许发展个体经济的政策

1978 年 12 月，党的十一届三中全会提出把全党工作重点转移到社会主义现代化建设上来。

1979 年 3 月 30 日，邓小平同志在党的理论工作务虚会上指出："什么是目前时期的主要矛盾，也就是目前时期全党和全国人民所必须解决的主要问题或中心任务……我们的生产力发展水平很低，远远不能满足人民和国家的需要，这就是我们目前时期的主要矛盾，解决这个主要矛盾就是我们的中心任务。"工人阶级与资产阶级的矛盾是我国社会的主要矛盾的错误论断由此被否定。此外，他还指出："我们反对把阶级斗争扩大化，不

认为党内有一个资产阶级，也不认为在社会主义制度下，在确已消灭了剥削阶级和剥削条件之后还会产生一个资产阶级或其他剥削阶级。"

1979年6月15日，邓小平同志在政协第五届全国委员会第二次会议上作了《新时期的统一战线和人民政协的任务》的重要讲话，讲话提出："我国的资本家阶级原来占有的生产资料早已转到国家手中，定息也已停止十三年之久。他们中有劳动能力的绝大多数人已经改造成为社会主义社会中的自食其力的劳动者。"

1980年8月，中共中央转发全国劳动就业工作会议《进一步做好城镇劳动就业工作》的文件指出，个体经济是"从事法律许可范围内的，不剥削他人的个体劳动。这种个体经济是社会主义公有制的不可缺少的补充，在今后一个相当长的历史时期内都将发挥积极作用"。

1980年12月25日，邓小平同志在中共中央工作会议上提出："继续广开门路，主要通过集体经济和个体劳动的多种形式，尽可能多地安排待业人员。要切实保障集体劳动者和个体劳动者的合理利益。"

（二）鼓励发展个体经济、私营经济的政策

1985年3月7日，邓小平同志在全国科技工作会议上指出："我们允许个体经济发展，还允许中外合资经营和外资独营的企业发展，但是始终以社会主义公有制为主体。"

1987年11月，党的十三大明确提出鼓励发展个体经济、私营经济的方针。个体经济、私营经济在经济社会中所起的作用及地位得到认可。

1988年4月，七届全国人大一次会议通过《中华人民共和国宪法修正案》，确定了私营经济的法律地位和经济地位。《中华人民共和国宪法》第十一条增加了"国家允许私营经济在法律规定的范围内存在和发展。私营经济是社会主义公有制经济的补充。国家保护私营经济的合法权利和利益，对私营经济实行引导、监督和管理"条文。

三、民营经济快速发展时期的政策

1992 年春，邓小平同志在南方谈话中提出"三个有利于"的科学论断，冲破了当时姓"资"姓"社"的思想禁锢，为民营经济发展开辟了更为广阔的空间。

1992 年 12 月，党的十四大明确了中国经济体制改革的目标是建立社会主义市场经济体制，并提出要以公有制包括全民所有制和集体所有制为主体，个体经济、私营经济、外资经济为补充，多种经济成分长期共同发展，不同经济成分还可以自愿实行多种形式的联合经营。

1993 年，党的十四届四中全会通过《中共中央关于建立社会主义市场经济体制若干问题的决定》，强调"就全国而言，公有制在国民经济中应占主体地位，有的地方、有的产业可以有所差别"。"国家要为各种所有制平等参与市场竞争创造条件，对各类企业一视同仁。"

四、民营经济持续健康发展时期的政策

1997 年 9 月，党的十五大确立"以公有制为主体、多种所有制经济共同发展，是我国社会主义初级阶段的一项基本经济制度"。确认"非公有制经济是我国社会主义市场经济的重要组成部分；对个体、私营等非公有制经济要继续鼓励、引导，使之健康发展"。

1999 年 3 月，九届全国人大二次会议通过了《中华人民共和国宪法修正案》，明确规定"在法律规定范围内的个体经济、私营经济等非公有制经济，是社会主义市场经济的重要组成部分"。这是国家根本大法对民营经济 20 年来生存发展及其贡献的充分肯定。《中华人民共和国宪法修正案》规定："国家在社会主义初级阶段，坚持公有制为主体、多种所有制经济共同发展的基本经济制度，坚持按劳分配为主体、多种分配方式并存的分配制度。"这是第一次把非公有制经济在内的多种所有制经济共同发展作为我国基本经济制度写进《中华人民共和国宪法》。

2002 年 11 月，党的十六大报告中提出：要坚持和完善公有制为主体、

多种所有制经济共同发展的基本经济制度，坚持"两个毫不动摇"，即必须毫不动摇地巩固和发展公有制经济，必须毫不动摇地鼓励、支持和引导非公有制经济的发展。第三，坚持公有制为主体，促进非公有制经济发展，统一于社会主义现代化建设的进程中，不能把这两者对立起来。各种所有制经济完全可以在市场竞争中发挥各自优势，相互促进，共同发展。

2004年3月，十届全国人大二次会议通过的《中华人民共和国宪法修正案》，将"国家保护个体经济、私营经济的合法的权利和利益。国家对个体经济、私营经济实行引导、监督和管理"修改为"国家保护个体经济、私营经济等非公有制经济的合法的权利和利益。国家鼓励、支持和引导非公有制经济的发展，并对非公有制经济依法实行监督和管理"。

2005年2月25日，国务院颁发《关于鼓励支持和引导个体私营等非公有制经济发展的若干意见》，这是新中国成立以来第一份以促进非公有制经济发展为主题的中央政府文件，是一份全面促进非公有制经济发展的重要的政策性文件，对于推动非公有制经济跨入历史发展的新阶段，实现更快更好的发展，具有重要的现实意义和深远的历史影响。该文件通称为"非公经济36条"，文件提出要进一步解放思想、深化改革，消除影响非公有制经济发展的体制性障碍，确立平等的市场主体地位，实现公平竞争；进一步完善国家法律法规和政策，依法保护非公有制企业和职工的合法权益；进一步加强和改进政府监督管理和服务，为非公有制经济发展创造良好环境；进一步引导非公有制企业依法经营、诚实守信、健全管理，不断提高自身素质，促进非公有制经济持续健康发展。鼓励、支持和引导非公有制经济发展的具体措施包括：放宽非公有制经济市场准入；加大对非公有制经济的财税金融支持；完善对非公有制经济的社会服务；维护非公有制企业和职工的合法权益；引导非公有制企业提高自身素质；改进政府对非公有制企业的监管；加强对发展非公有制经济的指导和政策协调。

2007年10月，党的十七大提出要坚持和完善公有制为主体、多种所有制经济共同发展的基本经济制度，坚持平等保护物权，形成各种所有制经济平等竞争、相互促进新格局。

2010年5月13日，国务院发布《关于鼓励和引导民间投资健康发展的若干意见》（简称"新36条"），这是继2005年出台"老36条"之后，中央政府又一次就推动民间投资及非公有制经济发展出台的指导性文件，为民间投资打开了全方位的进入通道。在毫不动摇地巩固和发展公有制经济的同时，毫不动摇地鼓励、支持和引导非公有制经济发展，进一步鼓励和引导民间投资，有利于坚持和完善我国社会主义初级阶段基本经济制度，以现代产权制度为基础发展混合所有制经济，推动各种所有制经济平等竞争、共同发展；有利于完善社会主义市场经济体制，充分发挥市场配置资源的基础性作用，建立公平竞争的市场环境；有利于激发经济增长的内生动力，稳固可持续发展的基础，促进经济长期平稳较快发展；有利于扩大社会就业，增加居民收入，拉动国内消费，促进社会和谐稳定。

五、党的十八大以来鼓励、支持、引导民营经济发展的政策

2012 年 11 月，党的十八大提出"毫不动摇鼓励、支持、引导非公有制经济发展，保证各种所有制经济依法平等使用生产要素、公平参与市场竞争、同等受到法律保护"。

2013 年 11 月，中国共产党第十八届中央委员会第三次全体会议通过的《中共中央关于全面深化改革若干重大问题的决定》进一步明确：公有制为主体、多种所有制经济共同发展的基本经济制度，是中国特色社会主义制度的重要支柱，也是社会主义市场经济体制的根基。公有制经济和非公有制经济都是社会主义市场经济的重要组成部分，都是我国经济社会发展的重要基础。必须毫不动摇巩固和发展公有制经济，坚持公有制主体地位，发挥国有经济主导作用，不断增强国有经济活力、控制力、影响力。必须毫不动摇鼓励、支持、引导非公有制经济发展，激发非公有制经济活力和创造力。

2014 年 10 月，党的十八届四中全会提出要"健全以公平为核心原则的产权保护制度，加强对各种所有制经济组织和自然人财产权的保护，清理有违公平的法律法规条款"。

2015 年 10 月，党的十八届五中全会强调要"鼓励民营企业依法进入更多领域，引入非国有资本参与国有企业改革，更好激发非公有制经济活力和创造力"。

2016 年 3 月 4 日，习近平总书记看望出席全国政协十二届四次会议的民建、工商联委员时，发表了《毫不动摇坚持我国基本经济制度，推动各种所

有制经济健康发展》的重要讲话，强调实行公有制为主体、多种所有制经济共同发展的基本经济制度，是中国共产党确立的一项大政方针，必须毫不动摇巩固和发展公有制经济，毫不动摇鼓励、支持和引导非公有制经济发展。非公有制经济在我国经济社会发展中的地位和作用没有变，我们鼓励、支持、引导非公有制经济发展的方针政策没有变，我们致力于为非公有制经济发展营造良好环境和提供更多机会的方针政策没有变。公有制经济、非公有制经济应该相辅相成、相得益彰，而不是相互排斥、相互抵消。

2018 年 11 月 1 日，习近平总书记在北京主持召开民营企业座谈会并发表重要讲话，鼓励企业家"心无旁骛""聚焦主业"，以"产业报国"、以"科技兴邦"。习近平总书记强调："民营经济是我国经济制度的内在要素，民营企业和民营企业家是我们自己人。""自己人"既是对民营经济在市场经济中重要地位的再次肯定和高度认可，也是对"公有制为主体、多种所有制经济共同发展"的基本经济制度认识的再深化，是消除长期以来社会对民营经济的误解、为民营经济人士长期背负过多精神负担解压的有效途径。

2020 年 7 月 21 日，习近平总书记在北京主持召开企业家座谈会并发表重要讲话，强调要千方百计把市场主体保护好，激发市场主体活力，弘扬企业家精神，推动企业发挥更大作用实现更大发展，为经济发展积蓄基本力量。一是要落实好纾困惠企政策。实施好更加积极有为的财政政策、更加稳健灵活的货币政策，增强宏观政策的针对性和时效性，继续减税降费、减租降息，确保各项纾困措施直达基层、直接惠及市场主体，强化对市场主体的金融支持，发展普惠金融，支持适销对路出口商品开拓国内市场。二是要打造市场化、法治化、国际化营商环境。实施好民法典和相关法律法规，依法平等保护国有、民营、外资等各种所有制企业产权和自主经营权，全面实施市场准入负面清单制度，实施好外商投资法，放宽市场准入，推动贸易和投资便利化。三是要构建亲清政商关系。各级领导干部要光明磊落同企业交往，了解企业家所思所想、所困所惑，涉企政策制定要多听企业家意见和建议，同时要坚决防止权钱交易、商业贿赂等问题损害政商关系和营商环境。要更多提供优质公共服务，支持企业家以恒心办恒业，扎根中国市场，深耕中国市场。四是要高度重视支持个体工商户发展。积极帮助个体工商户解决租金、税费、社保、融资等方面难题，提供更直接更有效的政策帮扶。

第二章 工商联与促进"两个健康"工作主题

一、中国工商业联合会

（一）工商联的性质和地位

中国工商业联合会第十三次全国代表大会部分修订，2022 年 12 月 12 日通过的《中国工商业联合会章程》规定，中国工商业联合会（简称"工商联"）是中国共产党领导的以民营企业和民营经济人士为主体，具有统战性、经济性、民间性有机统一基本特征的人民团体和商会组织，是党和政府联系民营经济人士的桥梁纽带，是政府管理和服务民营经济的助手，是中国人民政治协商会议的重要组成部分。工商联工作是党的统一战线工作和经济工作的重要内容。工商联事业是中国特色社会主义事业的重要组成部分。

1953 年 10 月中华全国工商业联合会成立。中华全国工商联第一届会员代表大会通过《中华全国工商业联合会章程》，规定工商联的性质为"以原来的私营工商业者为主体的、各类工商业者联合组织起来的人民团体"。1993 年 10 月 13 日中华全国工商联第七届会员代表大会宣布，中共中央、国务院批准中华全国工商业联合会又称为"中国民间商会"。

1979 年 10 月 19 日，邓小平同志在《各民主党派和工商联是为社会主义服务的政治力量》的重要讲话里提出工商联的性质是："各民主党派和工商联已经成为各自联系的一部分社会主义劳动者和拥护社会主义的爱国者的政治联盟和人民团体，成为进一步为社会主义服务的政治力量。"①

1988年11月27日至12月3日，中华全国工商联第六届会员代表大会召开并通过决议，明确全国工商联是统战性、经济性、民间性相结合，中国工商界组织的人民团体和民间商会。工商联的统战性是指工商联是党领导的由各类工商业者，主要是非公有制经济代表人士参加的统一战线组织，具有政治协商、民主监督、参政议政、团结教育、协调关系等基本功能，决定了工商联的政治方向、政治地位和政治功能。工商联的经济性主要体现在工商联由工商界人士组成，直接服务于经济建设，工商联要与经济工作相联系，要维护和代表会员的合法权益，要为会员在法律范围内的经济活动服务，体现商会的职能。工商联的民间性主要体现在工商联具有商会性质和职能，其组织方式和工作机制不同于政府机构，可以起到政府部门不可替代的作用，它的作用的发挥，通过协调服务、组织沟通、信息咨询等形式和渠道来实现。工商联在现代化建设中具有重要地位和作用，"建设和发展社会主义事业，已经成为各民主党派、工商联和我们党的共同利益和共同愿望。在新的历史时期中，各民主党派和工商联仍然具有重要的地位和不容忽视的作用"②。"各民主党派和工商联的成员和所联系的人们中，有大量的知识分子，其中不少同志有较高的文化科学水平，有丰富的实践经验，有不少同志是学有所长的专门家，他们都是现代化建设中不可缺少的重要力量。"③

（二）工商联的职能与工作内容

（1）工商联的职能

工商联的主要职能包括：①加强和改进非公有制经济人士思想政治工作，引导非公有制经济人士做合格的中国特色社会主义事业建设者；②参与政治协商，发挥民主监督作用，积极参政议政；③协助政府管理和服务非公有制经济，促进非公有制经济健康发展；④培育和发展中国特色商会组织；⑤培育和建设高素质的非公有制经济人士队伍；⑥参与协调劳动关系，协同社会管理，促进社会和谐稳定；⑦引导非公有制企业和非公有制经济人士依法治企、依法经营、依法维权。

---

① 邓小平.邓小平文选：第2卷 [M].北京：人民出版社，1994：204.
② 邓小平.邓小平文选：第2卷 [M].北京：人民出版社，1994：204.
③ 邓小平.邓小平文选：第2卷 [M].北京：人民出版社，1994：204.

（2）工商联的工作对象

工商联的工作对象主要包括：由内地自然人或民营资本独资、控股或拥有实际控制权的营利性经济组织，由港澳自然人或工商资本在内地设立的独资、控股或拥有实际控制权的营利性经济组织，民营企业主要出资人、实际控制人，民营企业中持有股份的主要经营者，民营投资机构自然人大股东，以民营企业和民营经济人士为主体的工商领域社会团体主要负责人，相关社会服务机构主要负责人，民营中介机构主要合伙人，在内地投资的港澳工商界人士，有代表性的个体工商户等。

（3）工商联的组织机构

工商联按国家行政区划设置分为全国组织和地方组织。全国工商联为全国组织；省、自治区、直辖市及新疆生产建设兵团工商联，市（地区、自治州、盟、直辖市的区）工商联为地方组织；县（市、旗、省辖市的区）工商联既为地方组织又为基层组织。工商联所属商会为基层组织。工商联按行业设立行业商会等行业组织，目前已形成覆盖全国的组织网络。工商联会员分为企业会员、团体会员和个人会员。地方各级工商联的会员，同时也是上一级工商联的会员。工商联所属商会是工商联的团体会员，其会员也是工商联会员。

工商联所属商会是工商联的基层组织和工作依托。工商联对所属商会进行指导、引导和服务，对所属商会会员开展思想政治工作、教育培训，对主要负责人进行考核。工商联要认真履行社会团体业务主管单位职责，指导和推动商会完善法人治理结构、规范内部管理、依照法律和章程开展活动，充分发挥宣传政策、提供服务、反映诉求、维护权益、加强自律的作用。

（4）工商联的工作内容

工商联的工作内容主要包括：①引导会员积极参加国家经济建设，推动社会主义市场经济体制逐步完善，促进社会全面进步；②参与国家大政方针及政治、经济、社会生活中的重要问题的政治协商，参政议政，民主监督；③做工商界代表人士政治安排的推荐工作；④宣传、贯彻党和国家的方针政策，加强思想政治工作，推动企业文化建设，引导会员做中国特色社会主义事业的建设者；⑤代表并维护会员的合法权益，反映会员的意见、要求和建议；⑥引导会员积极参与"光彩事业"①；⑦为会员提供信息和科技、管理、法律、会计、审计、融资、咨询等服务；⑧开展工商专业培训，帮助会员改进经营管理，完善财会管理，提高生产技术和产品质量；⑨组织会员举办和参加各种对内对外展销会、交易会，组织会员出国、出境考察访问，帮助会员开拓国内、国际市场；⑩增进与香港特别行政区、澳门特别行政区和台湾地区，以及世界各国工商社团和工商经济界人士的联系和友谊，促进经济、技术和贸易合作；⑪办好会办企业、事业；⑫承办政府和有关部门的委托事项。

（5）工商联在促进"两个健康"中发挥的作用

工商联在促进"两个健康"中发挥的作用主要有：①在民营经济人士思想政治工作中的引导作用；②在民营经济人士参与国家政治生活和社会事务中的重要作用；③在政府管理和服务民营经济中的助手作用；④在行业协会商会改革发展中的促进作用；⑤在构建和谐劳动关系、加强和创新社会管理中的协同作用。

（三） 工商联工作的纲领性文件

1991 年 7 月，中共中央批转中央统战部《关于工商联若干问题的请示》的通知，文件明确工商联是党领导下的以统战性为主，兼有经济性、民间性的人民团体，是党和政府联系非公有制经济的桥梁和纽带。工商联的主要任务是做非公有制经济代表人士的思想政治工作。为了加强党的领导，拟继续保留工商联党组，工商联党组受同级统战部领导，工商联党组的任务是贯彻党的方针政策，坚持工商联正确的政治方向，对非公有制经济代表人士进行团结、帮助、引导、教育。新时期工商联的主要工作对象是非公有制经济代表人士，即私营企业、个体工商户、"三胞"投资企业和部分乡镇企业。中发〔1991〕15 号文件科学界定了新时期工商联的性质、地位、任务和作用，是新时期工商联工作的指导性文件，标志着工商联工作进入一个新的发展阶段。

2010 年 9 月 16 日，中共中央、国务院颁发《关于加强和改进新形势下工商联工作的意见》（以下简称《意见》）。《意见》首次提出工商联工作是党的统一战线工作和经济工作的重要内容，提出各级党委要加强和改

---

① 光彩事业是在中央统战部、全国工商联组织的推动下，于 1994 年为配合《国家八七扶贫攻坚计划》而发起实施的，以我国民营经济人士为参与主体，以促进共同富裕为宗旨的社会事业。

善对工商联工作的领导，落实党委统战部领导工商联党组和指导工商联工作的职责，明确工商联党组书记由党委统战部分管经济领域统战工作的副部长担任，发挥工商联党组领导核心作用，把握工商联工作正确方向。工商联是党领导的以非公有制企业和非公有制经济人士为主体的人民团体和商会组织，是党和政府联系非公有制经济人士的桥梁和纽带，是政府管理非公有制经济的助手。统战性、经济性、民间性有机统一，是工商联的基本特征。《意见》对加强和改进工商联工作做出全面部署，提出了党对非公有制经济统战工作的方针、政策，是做好新形势下工商联工作的行动指南，是指导当前和今后一个时期工商联工作的纲领性文件。

《意见》要求以改革创新精神加强工商联自身建设。加强工商联会员队伍和非公有制经济代表人士队伍建设，按照面向工商界、以非公有制企业和非公有制经济人士为主体、广泛性和代表性相结合的原则，做好工商联会员发展工作，按照思想品质优、社会贡献大、公众形象好、参政议政能力强的要求，努力建设一支数量充足、素质优良、结构合理的非公有制经济代表人士队伍；加强工商联领导班子建设，把综合素质好、各方面表现优秀的非公有制经济代表人士选拔到各级工商联领导班子，积极发挥领导班子中非公有制经济人士作用，工商联主席一般由党外人士担任，上级工商联要加强对下级工商联工作的指导；加强工商联基层组织建设，县级工商联和基层商会组织是工商联工作的组织基础和重要依托；加强工商联机关建设，建立健全符合工商联自身特点的工作制度，促进工商联机关工作科学化、制度化和规范化，全面提高干部综合素质，努力造就一支政治强、业务精、作风正的干部队伍。

《意见》要求工商联工作要坚持"团结、服务、引导、教育"的工作方针，这是党中央在准确把握非公有制经济发展规律和非公有制经济人士思想特征的基础上提出来的工作方针。工作方针着眼并立足于团结，一手抓服务支持，一手抓引导教育，既是新形势下工商联工作的基本原则，也是做好新形势下工商联工作必须坚持的基本方法。团结，就是要把广大非非公有制经济人士紧密地团结在党的周围，巩固共同思想政治基础、坚定共同理想信念、坚定不移地走中国特色社会主义道路，凝聚建设中国特色社会主义的最广泛力量。服务，就是要通过提供信息、金融、人才等方面的支持，反映非公有制经济人士的利益诉求、开展法律维权服务，加强对非公有制企业"走出去"的指导服务，帮助其解决实际困难和思想困惑，推动非公有制企业实现科学发展。引导，就是要引导非公有制经济人士自觉接受党的领导，遵守国家法律法规，贯彻执行党的方针政策和国家发展重大战略，践行社会主义核心价值观，有序参与国家政治生活和社会事务，积极履行社会责任。教育，就是要对非公有制经济人士进行理想信念、守法诚信、国情社情、经营管理等教育，不断提高他们的综合素质，使其做到爱国、敬业、诚信、守法、贡献。团结、服务、引导、教育，是一个有机整体，既要为非公有制经济健康发展营造良好的政策环境、法治环境、市场环境和社会环境，又要切实加强思想政治工作，引导教育非公有制经济人士健康成长。服务、引导和教育都是实现团结的方式和途径，最终目的都是为了实现和扩大团结。

2000 年 9 月，中央组织部下发《关于在个体和私营等非公有制经济组织中加强党的建设工作的意见（试行）》。在非公有制企业中建立党的基层组织，开展党的活动，是我国宪法赋予中国共产党的领导地位和执政地位所决定的。各级非公有制经济组织要逐步建立党的组织，使非公有制经济组织成为党的群众工作的新领域。加强非公有制企业党建工作，有利于进一步巩固党在非公有制经济领域的执政基础，把广大职工群众和非公有制经济人士团结在党的周围；有利于进一步扩大党组织和党的工作覆盖面，增强非公有制经济组织党组织的创造力、凝聚力和战斗力，增强党员队伍的责任感、荣誉感和使命感；有利于在非公有制经济组织中构建以人为本、和谐共处、共谋发展的劳动关系，推动企业在加快自身发展的同时，履行社会责任；有利于党组织和党员及时了解职工群众思想动态，加强对职工的人文关怀，协助企业做好矛盾化解工作，维护职工和企业双方的合法权益；有利于充分发挥党组织的思想政治工作优势，加强企业文化建设，提高职工队伍素质，不断提升企业的核心竞争力。

2000 年 12 月 4 日至 6 日，第十九次全国统战工作会议在北京召开，江泽民同志在会上就做好新世纪党的统战工作发表重要讲话，提出：要加强非公有制经济组织中党、团和工会组织的建设，凡是条件具备的企业，都要建立党、团和工会组织。凡依法登记注册、取得营业执照、已经开业的非公有制企业，都应该依照《中华人民共和国工会法》和《中国工会章程》的规定建立工会组织。

2001 年 7 月 1 日，江泽民同志在庆祝中国共产党成立八十周年大会上的讲话中明确指出：应该把私营企业主等社会其他方面的优秀分子吸收到党内来。在党的正确领导和教育培养下，非公有制经济人士队伍感恩党的改革开放政策，积极投身改革开放和社会主义现代化建设，日益广泛地参加到国家政治和社会生活中来，参与光彩事业、同心工程、感恩行动等。在积极履行社会责任的同时，非公有制经济人士对党建工作的认识也上升到新的高度，他们把感恩党的思想感情体现在积极支持本企业组建党组织、为党组织发挥作用提供条件的实际行动上，一些出资人主动要求入党，部分出资人党员还担任了党组织负责人。加强党建工作增强了非公有制经济人士的归属感，使非公有制经济人士受到经常性教育引导成为现实，可以更好地发现和培养民营经济代表人士，有利于对非公有制经济人士的有效监督管理。多年来，非公有制经济人士积极履行社会责任，形成了"爱国、敬业、诚信、守法、贡献"的优秀中国特色社会主义事业建设者精神。

为表彰非公有制经济人士在经济社会发展中所做出的贡献，2004年，经中央批准，中央统战部等5部委联合开展了首届"优秀中国特色社会主义事业建设者"评选表彰活动，100名非公有制经济人士被授予"优秀中国特色社会主义事业建设者"称号。2006年和2009年，先后举办了第二届和第三届"优秀中国特色社会主义事业建设者"评选表彰活动[①]。2007年10月，党的十七大在北京召开，在2 217名党的代表中，18位来自非公有制企业的代表格外引人注目。

2012年5月24日，中共中央办公厅印发《关于加强和改进非公有制企业党的建设工作的意见（试行）》（以下简称《意见》）。《意见》进一步明确了非公有制企业党组织的功能定位，对加强非公有制企业党建工作提出了目标要求和具体措施。《意见》明确提出加强和改进非公有制企业党的建设工作，是坚持和完善我国基本经济制度、引导非公有制经济健康发展、推动经济社会发展的需要，是加强和创新社会管理、构建和谐劳动关系、促进社会和谐的需要，是增强党的阶级基础、扩大党的群众基础、夯实党的执政基础的需要，是以改革创新精神提高党的基层组织建设科学化水平、全面推进党的建设新的伟大工程的需要。

《意见》规定县以上地方党委一般要有非公有制企业党建工作机构，统筹负责非公有制企业党建工作。要加大工作力度，努力实现职工50人以

---

① 统战新语. 开展"优秀中国特色社会主义事业建设者"表彰活动[EB/OL].（2022-02-21）[2022-12-01].http://www.zytzb.gov.cn/tzxy/367480.jhtml.

上的非公有制企业有党员；具备建立党组织条件的企业，实现党的组织覆盖；因条件暂不具备尚未建立党组织的企业，实现党的工作覆盖。严格把关，注重质量，加大在非公有制企业生产一线职工、专业技术骨干及经营管理人员中发展党员的工作力度，重视在农民工中发展党员，注意培养发展符合条件的企业出资人入党。有3名以上正式党员、条件成熟的，要单独建立党组织。暂不具备单独组建条件的，要以开发区（园区）、乡镇（街道）、村（社区）、专业市场、商业街区、商务楼宇等为单位，组建区域性党组织，或依托行业协会（商会）、个体私营企业协会和龙头企业、专业经济合作组织组建行业性党组织。

《意见》要求选优配强非公有制企业党组织书记。党组织书记一般从企业内部选举产生，注意从生产、经营、管理骨干中推荐人选，也可从党政机关干部、国有企事业单位经营管理人员、党务工作者和复转军人、大学生"村官"中推荐人选，或面向社会公开招聘党务工作人才，再通过党内选举程序任职。重视选派优秀专职党务工作者担任联合党组织书记。提倡机关优秀年轻党员干部到企业挂职从事党建工作。规模大、党员数量多的企业主要出资人担任党组织书记的，应配备专职副书记。提倡不是企业出资人的党组织书记、副书记通过法定程序兼任工会主席、副主席；也可以由党员工会主席通过法定程序担任党组织书记、副书记。

（四）新形势下工商联的新使命

改革开放以来，民营企业党建工作取得了重大进展，但也存在不少困难和问题。第一是党组织的覆盖面过小，相当一部分民营企业中还没有建立党组织；第二是建立了党组织的企业普遍存在"有组织无活动、有活动无作用"的问题；第三是民营经济领域党员分散、流动性强，难以集中组织；第四是部分党员党性观念和党员意识淡薄，不能发挥模范作用，甚至不愿意公开党员身份。工商联党组应当支持和配合做好所属会员企业、各类商会党组织的组建工作，推动成立行业性或区域性党组织，这是当前党中央赋予工商联的一项光荣而艰巨的新使命。

工商联是参与民营企业党建工作的一支重要力量。一是能够更好地发挥自身职能作用。多年来，工商联在民营经济人士政治思想工作方面形成了深厚的工作积累和实际经验，有力促进了民营企业和民营经济人士健康成长。二是能够更好地发挥健全的组织网络优势。经过60多年的发展，工商联建立了纵向达到乡镇街道、横向覆盖大多数行业的组织体系，这种完备的组织网络优势，为工商联参与民营经济党建工作奠定了组织网络基础。三是能够更好地发挥自身优势，根据民营企业特点有效开展工作。工商联坚持信任、团结、服务、引导、教育的方针，不断增强凝聚力、影响力、执行力，与民营企业和企业出资人更加贴近、更加了解，对其情况更为熟悉，与其联系更为紧密。近年来，工商联参与指导民营经济组织党建工作，引导民营经济组织党组织围绕生产经营发挥作用、党员立足岗位建功立业，不仅推动了党的组织和党的工作覆盖面的扩大，也促进了民营企业的健康发展和民营经济人士的健康成长。

伴随着民营经济的发展壮大，民营企业党建工作经历了从无到有、从小到大的艰难探索过程。要积极探索、有效开展民营企业党的活动，按照企业需要、党员欢迎、职工赞成的原则，把党组织活动与企业生产经营紧密结合起来，探索建立党组织与企业管理层双向互动的体制机制，以企业有发展、职工得实惠的实际成果取得企业出资人和职工群众的支持。通过邀请出资人参加党的活动，对他们加强中国特色社会主义理论体系、党的政策和法制教育，引导他们对职工加强人文关怀，实行人性化管理，努力成为中国特色社会主义事业合格建设者。民营企业党组织要紧紧围绕企业生产经营管理开展党的活动，保证党的路线方针政策在企业贯彻落实，切实维护各方合法权益，组织带领职工群众创先争优，引领建设先进企业文化，使党组织真正成为党在企业中的坚强战斗堡垒，在企业职工群众中发挥政治核心作用，在企业决策中发挥政治引领作用，以党的思想理论引领企业文化建设，找准服务企业加快转型升级、实现更好更快发展目标任务的切入点和着力点，为企业科学发展凝心聚力。

二、促进"两个健康"工作主题

（一）促进"两个健康"政策的由来

1981 年，中共中央、国务院《关于广开门路，搞活经济，解决城镇就业问题的若干决定》（以下简称《决定》）下发后，中国民主建国会、中华全国工商业联合会向中央提交了执行《决定》的几点意见。1982 年 2 月，中共中央办公厅、国务院办公厅将意见转发中央统战部，其中提出

"要进一步调整政策，改革制度，以利于集体经济和个体经济的健康发展"。这是最早在中央文件中涉及非公有制经济健康发展的提法。

1989年3月，中央统战部印发《关于开展私营企业统战工作的几点意见》，明确提出"开展私营企业统战工作的指导思想是：鼓励、引导私营企业健康发展；团结、教育私营企业者，为繁荣社会主义商品经济服务"。

1996年1月，王兆国同志在全国统战部长会议上的讲话，进一步指出"做好非公有制经济代表人士的思想政治工作，直接关系到党的经济体制改革伟大战略的实施，关系到非公有制经济的健康发展"。至此，统一战线正式提出了"非公有制经济健康发展"的提法。这次讲话同时揭示了做非公有制经济人士思想政治工作与非公有制经济健康发展之间的密切联系，为"两个健康"的提出进行了重要的理论准备。

2000年12月，江泽民同志在第十九次全国统战工作会议上发表讲话，强调要"着眼于非公有制经济健康发展和非公有制经济人士健康成长，帮助他们树立在党的领导下走建设有中国特色社会主义道路的信念，做到爱国、敬业、守法，在加快自身企业发展的同时，也要开展'致富思源、富而思进'的活动，帮助更多的人走上富裕之路"。王兆国同志在此次会议上作工作报告，将"引导非公有制经济人士健康成长，促进非公有制经济健康发展"列入今后统一战线工作的重点问题之一。第十九次全国统战工作会议首次提出了"非公有制经济人士健康成长"，并与"非公有制经济健康发展"提法并列，强调了二者之间相辅相成的内在关系，即通过引导非公有制经济人士健康成长，促进非公有制经济健康发展。

2006年7月24日，中共中央颁发《关于巩固和壮大新世纪新阶段统一战线的意见》，提出重视发挥工商联在促进非公有制经济人士健康成长和促进非公有制经济健康发展中的作用。充分发挥工商联在非公有制经济人士思想政治工作中的重要作用，引导非公有制经济人士健康成长。

2013年11月12日，中国共产党第十八届中央委员会第三次全体会议通过的《中共中央关于全面深化改革若干重大问题的决定》指出，促进非公有制经济健康发展和非公有制经济人士健康成长，既是重大经济问题，也是重大政治问题。非公有制经济要健康发展，前提是非公有制经济人士要健康成长。非公有制经济健康发展主要体现在自觉转变经济发展方式，加快转型升级，推进自主创新，按照五大发展理念走走科学发展道路；非公有制经济人士健康成长主要体现在拥护中国共产党的领导，走中国特色社会主义道路，践行社会主义核心价值观，致富思源、富而思进，做到爱国、敬业、创新、守法、诚信、贡献，成为合格的中国特色社会主义事业建设者。

工商联应当围绕促进非公有制经济健康发展和非公有制经济人士健康成长的主题履行职责，发挥工商联在民营经济人士思想政治建设中的引导作用；在民营经济人士有序政治参与中的主渠道作用；在民营企业改革发展中的服务作用；在保障和改善民生、创新社会治理中的协同作用；在依法平等保护产权方面的民主监督作用。"两个健康"工作主题，是同心思想在工商联工作中的集中体现，明确回答了工商联如何引导非公有制企业和非公有制经济人士与我们党思想上同心同德、目标上同心同向、行动上同心同行这个具有全局性的重大问题，为当前和今后一个相当长时期加强和改进工商联工作提供了根本遵循。

（二）促进"两个健康"的工作载体

（1）发挥工商联在政府管理民营企业方面的助手作用

建立与民营经济人士的经常性联系机制，健全相关重要经济决策征询意见制度。建立促进民营经济发展的工作协调机制和部门联席会议制度，加强部门之间的配合，听取意见建议，协调解决企业生产经营中遇到的困难和问题，共同分析企业提出的共性问题，研究解决对策，形成促进民营经济健康发展的合力。进一步推动贯彻平等准入、公平待遇原则，继续推进简政放权，加强政务公开。破除体制障碍，放宽市场准入，优化市场环境，提高政策有效性、增强企业获得感。大力降低各种产业和行业的准入门槛，抓好政策的落地工作，特别是做好宏观经济政策的配套实施细则，避免约束条件导致原有政策的闲置，使政策真正落到实处。允许非公有资本进入法律法规未禁入的行业和领域。凡是法律法规未明确禁入的行业和领域都应该允许民间资本进入，凡是已向外资开放或承诺开放的领域都应该向国内民间资本开放。

（2）发挥工商联在民营经济人士参与国家政治和社会事务中的主渠道作用

引导民营经济人士有序政治参与，将民营经济人士的政治诉求纳入党和国家的政治体制内。民营企业主要出资人并以经营管理为主要职业的，在推荐安排中应当界定为民营经济人士。各级人大代表候选人和各级政协委员中民营经济人士数量要适当。要坚持标准、严格程序、认真考察，做好综合评价，做到一个入口、一套标准、凡进必评，真正把思想政治强、行业代表性强、参政议政能力强、社会信誉好的代表人士推荐出来。加强教育管理，加大教育培训力度，提升教育培训质量，探索通过开展履职考核、建立退出机制等手段，加强对民营经济代表人士的监督管理，切实解决"重安排、轻管理"的问题。

（3）发挥行业商会、协会、异地商会促进市场发展和行业自律等方面的重要作用

培育和发展为民间投资提供法律、政策、咨询、财务、金融、技术、管理和市场信息等服务的中介组织。探索筹建商会服务中心，专门从事民营经济的政策咨询、融资、培训、维权等服务工作，充分发挥企业、企业家主体作用，建立轮值制度、联络员制度、情况通报制度等。维护民营企业和职工的合法权益，要严格执行保护合法私有财产的法律法规和行政规章，任何单位和个人不得侵犯民营企业的合法财产，不得非法改变民营企业财产的权属关系。民营企业依法进行的生产经营活动，任何单位和个人不得干预。依法保护企业主的名誉、人身和财产等各项合法权益。民营企业要尊重和维护职工的各项合法权益，要依照《中华人民共和国劳动法》等法律法规在平等协商的基础上与职工签订规范的劳动合同。各级劳动保障等部门要高度重视民营企业劳动关系问题，加强对民营企业执行劳动合同、工资报酬、劳动保护和社会保险等法规、政策的监督检查。建立和完善民营企业劳动关系协调机制，健全劳动争议处理制度，及时化解劳动争议，促进劳动关系和谐。

（4）将民营经济代表人士纳入重大人才培养计划

广大民营经济人士要准确把握我国经济发展大势，弘扬企业家精神，发挥企业家才能，完善企业经营管理制度，增强企业内在活力和创造力，在"双创"大业中推动企业取得更新更好发展，从而提升自身综合素质。将民营经济代表人士纳入重大人才培养计划，进一步探索研究民营经济代表人士成长规律，完善综合评价体系，形成民营经济代表人士选拔、考核、培养、推荐的工作机制，加强分层次培训和指导，培养高素质民营经济代表人士队伍。

（三）促进"两个健康"的工作机制

通过加强教育培训机制、实践锻炼机制、典型示范机制、情感激励机

制和疏通引导机制等，促进民营企业和民营经济人士健康成长。

（1）教育培训机制

运用理论教育法，有目的、有计划地向民营经济人士进行中国特色社会主义理论及政策方面的教育培训和宣传。社会主义核心价值观是新时期统一战线的共同思想政治基础，要不断巩固和发展新时代的爱国统一战线，必须在广大民营经济人士中广泛、深入、持久地进行社会主义教育及社会主义核心价值观教育，使社会主义核心价值观成为民营经济人士的价值导向和道德准则，增强民营经济人士的制度认同、道路认同和价值认同。

通过利用大众传播工具，主要是网络继续教育等多媒体技术，开办专题节目，提供人机互动的自主选学平台，使民营经济人士在自我教育中接受最新理论政策的宣传教育；通过邀请民营经济人士参与各种重要纪念活动，对民营经济人士集中进行一系列深入的形势政策分析教育，激发广大民营经济人士的爱国热忱，让广大民营经济人士充分认识到今天的大好形势来之不易，从而发自内心地拥护社会主义制度。

教育培训是做好民营经济人士思想政治工作的重要手段，针对民营经济人士参加教育培训的殷切希望和特点要求，制订专门的教育培训计划，举办民营经济人士培训班、研修班，进行政治理论培训，达到统一思想认识、凝聚共识的目的。培训要切实做到"缺什么补什么、需要什么培训什么"，有的放矢地设置培训内容，开设特色课程，丰富教学形式，提高培训层次。培训要结合民营经济人士的生活和工作实际，灵活设置培训的时间和方式，确保他们坐得下、听得进、学得牢、有成效。

（2）实践锻炼机制

采取实践教育法，寓教育于活动之中。主要是结合统战工作特点，组织民营经济人士积极参加多种社会实践活动，包括社会调查研究、参观考察、现场体验教学等，使其在改造客观世界的过程中同时改造自己的主观世界，从而不断提高其思想觉悟和认识、分析问题的能力；通过鼓励、引导民营经济人士参加公益慈善活动和志愿者活动等，丰富民营经济人士的思想感受和情感体验，强化其集体主义意识和奉献精神。组织社会实践活动要把握好民营经济人士思想政治工作的脉络，最好能把活动与企业生产经营紧密地结合起来，通过开展各类有益身心健康的社会实践活动，聚焦其关注的热点，选准能够引起共鸣的话题和节目，使民营经济人士在身心愉悦的活动中受到最直接的教育和熏陶，树立起正确的世界观、人生观、价值观。

（3）典型示范机制

通过树立典型人物进行示范教育，激起民营经济人士思想情感的共鸣，引导民营经济人士学习、对照和仿效。主要是抓典型，树榜样，培养选拔政治素质好、有影响、有威望和有一定参政议政能力的代表人物，推荐给各级人大、政协、工商联，做好政治安排，增强其荣誉感和社会责任感，以影响和带动他们所联系的一大批同业人员。鼓励民营经济人士致富思源，义利兼顾，自觉履行社会责任。组织动员民营企业参与"万企帮万村"精准扶贫行动、光彩事业和公益慈善事业，特别是发挥企业家副主席、副会长和常委、执委的带头引领作用，依托商会的组织优势，使更多民营经济人士积极履行社会责任。我国绝大多数民营企业，都是通过艰苦奋斗逐步发展起来的，宣传民营经济人士中艰苦创业和创新发展的典范，可以在一定程度上消除普通民众对民营经济的偏见和误解，有利于倡导和形成诚实劳动、合法经营的良好社会风气。我国目前有相当一部分民营企业不但在产业和行业发展中占据优势地位，而且具有很高的科技内涵，是引领全行业发展的新标杆。宣传这样的典范，能够推动"大众创业，万众创新"的全民创业热潮持续不断地发展，为民营企业转型升级增添动力。

1993年3月14日，刘永好、王祥林等23名民营企业家，以全国政协委员的身份，第一次走进人民大会堂，出席全国政协八届一次会议。尽管在2 093名的委员中，他们只占1%左右，但这标志着私营经济在时隔近40年后，重新登上参政议政的政治舞台。截至2019年11月底，我国私营企业达到3 468万户，个体工商户达8 162万户，个体私营从业人员达4.04亿人，个体私营企业占到了全国市场主体总数的94.9%，创造了全国60%以上的GDP、50%以上的税收、60%的工业产值以及65%的专利、75%以上的技术创新、80%以上的新产品开发[①]。四川省统计数据显示，截至2020年，四川省工商登记民营经济市场主体达到597万户，占企业总数的95%，贡献了56%以上的GDP，税收贡献率超60%，吸纳新增城镇就业

---

① 人民日报. 个体私营经济有了更大舞台［EB/OL］.（2019-12-26）［2022-12-01］.https://baijiahao.baidu.com/s? id=1653930300555543346&wfr=spider&for=pc.

90%以上，占全部市场主体的比重为97%①。

（4）情感激励机制

要做好民营经济人士与媒体之间的沟通工作，帮助民营经济代表人士加强与社会的广泛联系，消除误解，化解矛盾，尤其是通过媒体舆论宣传为地方经济发展和社会公益事业做出突出成绩的代表人物先进事迹，不断扩大民营经济代表人士的社会影响，塑造民营经济代表人士的新形象。现实生活中有的人看不惯民营经济人士，总是戴着有色眼镜看待民营经济，简单地把他们看成贫富分化的制造者，这就需要运用感染教育法，在潜移默化中改变社会观感。民营经济在发展过程中，得到党、政府和社会各方面的支持和帮助，民营经济发展离不开良好的政策环境和社会环境，要引导民营经济人士特别是年轻一代"致富思源、富而思进"，在取得经济效益的同时，不忘社会责任，以积极的行动回报社会，把自身发展与国家发展结合起来，把个人富裕与全民共同富裕结合起来，大力支持公益慈善帮扶事业。

1995年10月25日，经民政部批准，中国光彩事业促进会正式成立。光彩事业是在中央统战部、全国工商联组织推动下，于1994年为配合《国家八七扶贫攻坚计划》而发起实施的，以我国民营经济人士为参与主体，以促进共同富裕为宗旨的社会事业。以扶贫开发为主要内容的光彩事业，为扶贫开发事业和再就业工程做出重要贡献，企业家们为国分忧、为民解难的真情实感在光彩事业中体现得非常突出。光彩事业取得了良好的社会效益和经济效益，在实践中总结出"致富思源、富而思进、扶危济困、共同富裕、义利兼顾、德行并重、发展企业、回馈社会"的光彩精神。全国工商联发布的《中国民营企业社会责任报告（2020）》显示，截至2020年4月14日，全国共有110 589家民营企业通过捐款捐物、设立基金等方式支持疫情防控，涉及资金总计超过350亿元。截至2020年11月底，进入"万企帮万村"精准扶贫行动台账管理的民营企业有12.3万家，精准帮扶13.72万个村，共带动和惠及1 779.03万建档立卡贫困人口②。

---

① 中华工商网.《四川省民营经济发展综合报告（2020）》发布［EB/OL］.（2021-07-14）［2022-12-01］.https://baijiahao.baidu.com/s？id=1705229293855108483&wfr=spider&for=pc.

② 苗建信息分析团队.《人民日报》2020年度民营企业报道分析［EB/OL］.（2021-01-22）［2022-12-01］.https://www.sohu.com/a/446166997_145001.

（5）疏通引导机制

采取疏导教育的方法，疏即疏通，是指广开言路、集思广益，让大家敞开思想，把各自的观点和意见都充分发表出来；导即引导、开导，是在思想政治工作中循循善诱、说服教育。疏导教育法是以正确处理人民内部矛盾的理论为依据的，因而它是正确处理人民内部矛盾行之有效的方法。毛泽东同志在《关于正确处理人民内部矛盾的问题》中指出："凡属于思想性质的问题，凡属于人民内部的争论问题，只能用民主的方法去解决，只能用讨论的方法、批评的方法、说服教育的方法去解决，而不能用强制的、压服的方法去解决。"这就要求我们要根据民营经济人士思想的发展规律，顺应社会向前发展的潮流，因势利导，发挥积极因素，克服消极因素，及时给予引导教育。同时要跟广大的民营经济人士坦诚相见，以心交心，切实维护民营经济人士合法的、合理的权益，消除他们的各种思想顾虑，避免各种不满、消极行为的发生，以减少不必要的社会矛盾和经济损失。把思想政治教育工作同关心解决民营经济人士的具体问题相结合，把思想政治工作同企业的生产经营紧密联系，寓教育于服务之中。要以灵活多样的方式深入民营经济人士当中，了解他们在发展生产、参政议政方面的实际困难和具体问题，积极协调有关方面解决，推动他们在生产经营和个人政治成长方面上一个新的台阶，对贡献大的代表人物，要"政治上给地位，社会上给荣誉，经济上给实惠"。通过帮助解决实际问题，密切与民营经济人士的关系，不断增强党和政府的凝聚力和向心力。

第三章　新时代民营经济人士社会责任

改革开放四十多年来，民营经济在推动发展、促进创新、增加就业、改善民生和扩大开放等领域发挥着不可替代的作用，为社会提供了多样化的产品和服务，满足了人们日益增长的物质产品和服务需求，已经成为我国公有制为主体、多种所有制经济共同发展的基本经济制度的重要组成部分。持续、高效、大量地吸纳就业，是民营经济对国民经济发展的突出贡献之一。由于国有经济布局的调整，国有经济和集体经济的就业人数持续减少，正是民营经济每年创造了数百万的就业机会，不但吸收了新增的就业人员，也吸收了从国有企业分流出来的人员，民营经济已经成为创造就业机会的最大来源。据《中国民营企业社会责任报告（2021）》公布的数据，截至2020年底，我国民营企业数量已超过4 000万家，民营企业数量占比为90%以上，有效发明专利数占比为79.4%，公益慈善捐赠占比超过51.8%，占国家全部税收的59.7%，民间固定资产投资28.9万亿元，占全国投资总量的比重为55.7%，62.3%的企业采用节能环保原材料，61.4%的企业进行了设施设备节能减排升级改造，55.5%的企业开展了清洁生产①。

随着民营经济人士队伍不断壮大，其在履行社会责任方面的影响力和示范效应明显增强，其中的代表人士逐渐发展成为科技创新的实践者、富民兴国的建设者、构建和谐社会的参与者。从政治共识、价值取向、经济责任、法律责任、环境责任、公益慈善事业和助力脱贫攻坚等方面测评分析民营经济人士承担社会责任的基本状况及面临的问题，通过评估成绩、总结经验、提出对策、搭建平台、构建机制，激励民营经济人士弘扬新时

---

① 全国工商联. 全国工商联发布《中国民营企业社会责任报告（2021）》[EB/OL].(2021-12-23)[2022-12-01]. https://baijiahao.baidu.com/s？id=1719900144303583869&wfr=spider&for=pc.

代企业家精神，不断增强民营经济人士的社会责任意识，提高民营经济人士履行社会责任的能力与水平，这不仅是当前统战工作的一项重要任务，也是促进"两个健康"的着力点和重要抓手。

一、新时代民营经济人士队伍发展进入新的历史阶段

改革开放以来，我国连续出台了一系列政策措施，形成了鼓励、支持、引导民营经济发展的政策体系，民营企业面临前所未有的良好政策环境和社会氛围。民营企业健康发展主要体现在自觉转变经济发展方式，加快转型升级，推进自主创新，按照五大发展理念走高质量发展道路。民营经济人士健康成长主要体现在拥护中国共产党的领导，走中国特色社会主义道路，践行社会主义核心价值观，致富思源、富而思进，做到爱国、敬业、创新、守法、诚信、贡献，成为合格的中国特色社会主义事业建设者。

公有制为主体、多种所有制经济共同发展的基本经济制度，是中国特色社会主义制度的重要支柱，也是社会主义市场经济体制的根基。公有制经济和非公有制经济都是社会主义市场经济的重要组成部分，都是我国经济社会发展的重要基础。

2016年3月4日，习近平总书记看望出席全国政协十二届四次会议的民建、工商联委员时，发表了《毫不动摇坚持我国基本经济制度 推动各种所有制经济健康发展》的重要讲话，强调实行公有制为主体、多种所有制经济共同发展的基本经济制度，是中国共产党确立的一项大政方针，是中国特色社会主义制度的重要组成部分，也是完善社会主义市场经济体制的必然要求。必须毫不动摇鼓励、支持、引导非公有制经济发展，激发非公有制经济的活力和创造力。非公有制经济在我国经济社会发展中的地位和作用没有变，我们毫不动摇鼓励、支持、引导非公有制经济发展的方针政策没有变，我们致力于为非公有制经济发展营造良好环境和提供更多机会的方针政策没有变。

新时代民营经济人士队伍发展进入新的历史阶段。民营经济人士是在坚持和完善我国社会主义基本经济制度中涌现和成长起来的，逐步形成一支坚持走中国特色社会主义道路，拥护中国共产党领导，具有产业报国理

想和勇于承担社会责任的民营经济代表人士队伍。民营经济在促进经济发展，维护社会和谐稳定，推动文化繁荣发展、社会文明进步以及生态文明建设等方面发挥着重要作用。新时代民营经济人士队伍的发展有了新的变化，他们已经成为经济社会生活中一支不可或缺的重要力量，也是各方面关注的焦点。民营经济人士履行社会责任是贯彻落实习近平总书记在民营企业座谈会上的重要讲话精神的必然要求。准确把握民营经济人士履行社会责任的基本状况，是团结引导民营经济人士健康成长的客观要求。

民营经济人士在服务于经济发展的同时，也推动着社会的变革与发展，其履行社会责任方面的表现，如思想观念、社会态度、价值取向、社会活动和公益慈善，事关社会和谐稳定。作为改革开放的受益者，民营经济人士在履行先富带动后富方面的社会责任意识如何，事关我国共同富裕目标的实现。引导民营经济人士转变观念、创新创业、诚信经营、提高素质、回报社会是当前工作的一项重要任务。做好民营经济人士思想政治工作，激励民营经济人士履行社会责任，是凝聚人心、汇聚力量的集中体现。

二、新时代民营经济人士履行社会责任测评分析的方法与步骤

（一）新时代民营经济人士履行社会责任测评分析方法

通过实地调查、座谈访谈、问卷分析、咨询专家和相关文献资料分析，梳理我国民营经济人士成长过程中在政治参与、政策落实、营商环境、政商关系、经济贡献、员工福利、环境保护、诚信守法、精神信仰、社会形象与公益慈善等方面的特点，从民营经济人士履行社会责任发展变化的内在逻辑，结合国家宏观政策和微观个案，总结归纳当前民营经济人士履行社会责任方面的突出贡献以及存在的不足。分析制约民营经济人士履行社会责任的影响因素，提出构建民营经济人士履行社会责任的工作平台，创新民营经济人士履行社会责任体制机制，深化民营经济人士对社会责任的认识，树立起"义利兼顾"的价值理念，引导民营经济人士勇于承担社会责任，做爱国敬业、守法经营、创新创业、回报社会的典范。

（二）新时代民营经济人士履行社会责任测评分析步骤

一是拟定实地调研访谈提纲。访谈提纲列出 10 个方面的问题，用于召开座谈会、单独访谈、电话面谈及学员小组讨论。通过实地调查、座谈访谈、问卷统计与咨询专家等形式，分类采取召开省、市（州）、县工商联座谈会，咨询民营经济领域的研究专家，走访面谈、电话交流访谈以及现场发放问卷和网络问卷来调查民营经济人士履行社会责任的状况，在民营经济人士培训班组织学员小组讨论并进行问卷调查，收集民营经济代表人士履行社会责任方面的资料，整理概括提炼作为基础性研究素材（见附录 B）。

二是设计问卷测评表格进行问卷调查。民营经济人士履行社会责任问卷评价包括横向测评与纵向测评两个层面，横向测评主要反映民营经济人士履行社会责任的范围；纵向测评着重衡量民营经济人士履行社会责任的效果。调查问卷分为政治参与力度与参政议政能力、营造亲清政商关系与推动政策落地落实、诚信守法经营与环境保护意识、经济贡献力度与员工福利保障、精神信仰与价值取向、社会形象与身份认同、扶贫攻坚与公益慈善 7 个方面。民营经济人士履行社会责任测评指标体系包含 7 个方面总计 25 个指标，设置问卷 500 份。每个指标采取 4 级计量，包含好、较好、一般、差 4 个衡量标准。问卷测评指标体系具体分为：政治参与力度、参政议政能力、评优表彰情况、推动政策落地落实、促进地方政府提升服务效率、促进营商环境改善、守法诚信经营、环境保护意识、营造亲清政商关系、权益维护、行业代表性、经济贡献度、员工福利保障、党建与企业文化建设、身份认同、社会地位、社会形象、精神信仰、参与创新创业或混合所有制改革、社会组织履职、社会调研、理论教育培训、光彩事业、社会公益慈善、扶贫攻坚与乡村振兴等。问卷表格设计列出 25 个问题，分别采用网络问卷星和优幕（UMU）平台问卷调查的形式，回收民营经济人士答卷；在民营经济人士培训班学员中发放问卷测评；到省、市（州）、县工商联及民营经济企业调研座谈时现场发放问卷进行调查（见附录 C）。

三是对实地调查、座谈访谈与问卷统计得到的数据进行定量和定性分析，结合分析结果，提出相应的对策建议。坚持目标导向与问题导向，注重研究的实用性与时效性。按照聚焦问题、分析问题、解决问题的逻辑思路展开，分析民营经济人士履行社会责任方面存在的不足之处与影响因素，提出有针对性、可操作的对策措施。

三、新时代民营经济人士履行社会责任测评统计分析

新时代民营经济人士履行社会责任测评统计分析涵盖七个方面的内容，集中体现了民营经济人士在政治共识、价值观念、身份认同、经济责任、法律责任、环境责任、公益慈善事业和助力脱贫攻坚等方面履行社会责任的突出特点。

通过发放调查问卷 250 份，民营经济人士培训班 4 个班次学员通过 UMU 网络平台参与问卷调查人数 200 人次，组织调研走访、座谈和小组讨论 5 次，参与调查问卷人数 50 人，总计回收问卷及网络答卷 460 份。根据调研访谈与问卷测评结果对民营经济人士履行社会责任的现状进行评估分析，归纳得出民营经济人士履行社会责任的以下特征：

（1）政治参与力度与参政议政能力

民营经济人士政治安排越来越规范，在个人政治成长方面上了一个新的台阶。民营经济人士普遍具有改变自身命运和报效国家的理想，当前民营经济人士参与政治的渠道有待进一步畅通，相关的法规制度还有待健全完善。对思想政治上表现先进的民营经济人士在政治上要进行适当安排，加大评优表彰力度。支持民营经济人士在政协、人大、工商联等组织中发挥重要作用，稳妥做好推荐优秀民营企业家作为各级人大、政协常委会组成人员人选工作，把好入口关。推进民营企业诚信评价体系建设，对有行贿记录或列入黑名单的民营经济人士在规定期限内不得授予政治荣誉。

民营经济代表人士要将提高政治把握能力摆在首位，不断提高参政议政能力，妥善处理好个人利益与国家利益、企业发展与国家发展的关系。从交流讨论、座谈会以及问卷调查发现，民营经济人士普遍认为政治参与和私人领域需要保持一定的边界。民营经济人士要进一步加强相关政策理论学习，把握政治方向，坚定政治立场，提高思想政治素质。一些民营经济人士迫于企业经营压力没时间精力进行调研与思考，影响其参政议政能力的发挥；一些民营经济人士局限于自身文化水平，建言献策质量不高；还有一些民营经济人士考虑所提提案和协商建议是否对本行业和自己的企业经营有利，常拘泥于细节问题，缺乏全局观念，难以达到参政议政的预期效果。

民营经济人士参政议政有不同类型，如带有较为强烈的民主意识和诉求愿望的政治参与，或是从拓展人脉和维护权益角度考虑的政治参与。引导民营经济人士有序政治参与，将民营经济人士的政治诉求纳入党和国家的政治体制内，需要重点加强四个方面的工作。一是科学界定身份，民营企业主要出资人并以经营管理为主要职业的，在推荐安排中应当界定为民营经济人士；二是掌握适当规模，各级人大代表候选人和各级政协委员中民营经济人士数量要适当，要体现社会主义国家政权的性质，不能依据财富多少来分配政治资源；三是严格标准程序，做好民营经济代表人士综合评价工作，做到一个入口、一套标准、凡进必评，准确掌握企业家思想政治素质、履行社会责任、企业发展与经营、个人修养及公众形象四大方面的情况，要坚持标准、严格程序、认真考察，真正把思想政治强、行业代表性强、参政议政能力强、社会信誉好的代表人士推荐出来；四是加强教育管理，加大教育培训力度、提升教育培训质量，通过开展履职考核、建立退出机制等手段，加强对民营经济代表人士的监督管理，切实解决"重安排、轻管理"的问题。

（2）营造亲清政商关系与推动政策落地落实

广大民营经济人士对地方促进民营经济发展的政策表示坚决拥护，对营商环境的改善普遍表示满意，对亲清政商关系构建的预期充满信心。但也有一些民营经济人士对各地颁发的促进民营经济发展的文件持保守看法，认为到了基层很多具体措施难以落地落实。有的认为企业发展取得的成就主要是靠个人敢闯敢干，抓住了好机遇，掌握了专门技术，没有考虑到个人的成长离不开改革开放以来政府出台的一系列促进民营经济发展的好政策，国家社会经济持续稳定发展的大好局面，以及各地政府为民营经济人士健康成长创造的宽松社会氛围。

民营经济发展的政策环境总体上越来越趋向宽松与公开透明化，但在一些领域和一些环节还有待进一步改善。市场经济体制改革使得民营经济人士遇到问题主要考虑寻求市场化解决之道，或是通过法律途径解决争端。"亲""清"政商关系的提出，对营造良好政商关系提出新的要求与新的标准，给权力寻租产生的腐败交易敲响了警钟，给政商之间的正当交往吃了定心丸。党内高压反腐呈现压倒性态势，营造出不想腐、不敢腐、不能腐的政治生态环境。在经济相对落后的地区，个别部门领导为避免受牵连或减少麻烦，转而表现出怕作为、慢作为、不作为的态度，有的则处于不吃、不拿、不接电话也不办事的状态，导致民营经济人士对一些政府部门的办事效率存有看法。

在政策制定和执行过程中，民营经济人士关心具体政策对其自身利益与企业发展的影响，自认为民营经济人士处于弱势地位，话语没有足够分量，表达的建议不一定能影响政策制定，总感觉有关方面听取意见建议不够充分具体。对中小微企业而言，一些行业进入门槛明显偏高，有的地方还存在地方保护主义，暗地里排斥外来竞争者，导致民营经济人士担心在市场竞争中会受到不公平对待。一些帮扶措施和促进民营经济发展的政策，在市、县层级出现梗阻而未能即时落实到位，中小微企业够不着优惠补贴，纾困惠企相关政策施行的效能受到影响。

民营经济人士对政府依法行政和政策落地落实的要求非常强烈，希望相关部门强化服务意识，制定涉企政策时多听取相关企业的意见建议，采取行之有效的措施推动"一件事一次办"工作实施，政策执行坚持实事求是，不搞"一刀切"。建立政务服务"好差评"制度，真正落实好各项利民惠企政策，以增进民营经济人士的政策认同感和获得感①。民营经济人士希望领导干部多了解企业、关心企业，尤其在企业遇到困难时能够帮助想办法，在合法合规路径下协调解决企业遇到的问题，帮助企业渡过难关。温州是民营经济的重要发祥地之一，从 2018 年 11 月至 2019 年 12 月，温州市启动"万名干部进万企"专项行动，全市抽调 1 万名干部与 1 万家企业结对，万名干部成为助企服务员，切实帮助解决企业发展过程中的堵点、痛点问题，全面激发民营经济内生动力，推动温州民营经济高质量发展②。

（3）身份认同与社会形象

个体往往通过社会比较完成身份归属和社群聚类，个体在社会中所属的地位决定其身份认同。民营经济人士是历史新时期走上社会舞台的新群体，在社会阶层结构中地位的变换和不稳定使其容易产生群体弱势心理，缺乏对自己所处社会地位的身份认同和群体归属感，从而导致身份认同不清晰的认同危机。也就是说，当一个人从原来的身份改变成另外一个身份

① 李蓉蓉，段萌琦. 城镇化进程中中国新市民的身份迷失：身份认同危机的类型学研究 [J]. 经济社会体制比较，2019（3）：118-125.
② 程林顺. 新时代推动民营经济人士履行社会责任的思考 [J]. 广西社会主义学院学报，2021（1）：33-37.

时，他就不清楚自己到底是谁了①。

民营经济人士从白手起家到创业成功，其个人与家庭财富急剧增加，具备较高的管理技术能力，富有同情心且思维开阔，希望保持较高生活水准，乐于确立其在社会阶层中所处的新身份与新地位。部分民营经济人士较为在意其他阶层的看法，相对地方当权的政治精英和知识文化水平较高的知识精英，他们对自身形象与社会地位有更高要求，在日常行为中表现出焦虑与不安全感，容易受到各种负面舆论的影响，对其塑造稳定的社会身份和心理认同带来难度。事业初创期的民营经济人士善于捕捉机会，勇立潮头，希望事业更上台阶，以巩固其身份地位，但往往较注重名利。经过打拼取得一定社会声誉的民营经济人士，积累相当程度的资产后，开始表现出较强的诉求愿望，希望参与社会组织和社会活动以获取社会职务和荣誉，扩大自身与企业的社会影响力。

（4）精神信仰与价值取向

信仰指对某种主张、主义、宗教或对某人、某物的信奉和尊敬，并把它奉为自己应当遵行的行为准则②。民营经济人士数量众多，文化程度参差不齐，精神信仰、价值取向复杂多样，比较容易受到各种思想与价值观的影响。个别民营经济人士对传统商道领悟不足，缺乏对自身修养的内省，在信仰方面表现迷茫，转而相信各种迷信活动，以寻求精神层面的寄托。

年轻一代民营经济人士很多有海外学习背景，部分对中华传统文化和中国发展实际及具体国情缺乏深入了解，对国际形势动态的严峻性认识不够，社会活动难接地气。一些民营经济人士功利化倾向、炫富心理表现明显，与大众交流的心理距离在扩大。个别在道德方面不愿意受传统礼法的约束，社会关系市场化、庸俗化。加强理想信念教育及国情研修培训，以引导年轻一代企业家继承老一代企业家的优良传统很有必要。

（5）参与扶贫攻坚与公益慈善事业

民营经济人士大多具有一定的经济实力，也愿意参与到精准扶贫与社会公益慈善活动中。调查显示，参与社会公益意愿较大的占比达到80%，

---

① 曾博文. 新时代背景下中国信仰塑造探究 [J]. 黑龙江省社会主义学院学报，2018（2）：52-56.

② 齐珊. 新时代国有企业改革发展面临的机遇与挑战 [J]. 思想理论教育导刊，2019（10）：58-62.

参与意愿一般的占 20%，没有人选择不愿意参与扶贫与公益慈善事业①。这表明民营经济人士不仅是经济社会发展的主力军，也是扶贫开发和公益慈善的重要力量。

民营经济在发展过程中，得到政府和社会多方面的支持与帮助，民营经济人士也以积极的行动参与扶贫攻坚和公益慈善事业。由于相关政策不配套或不完善，对参与帮扶和公益的企业缺少实质性的激励，社会宣传表彰力度较弱，税费减免措施程序过于烦琐，影响到民营经济人士的帮扶力度和捐助热情。民营经济人士在公益慈善事业领域的思想见解、行为标准、价值观念很容易对其他阶层产生导向作用，要在社会公益活动中强化民营经济人士的社会责任担当，扩大宣传力度，塑造民营经济人士正面向善的社会形象。

社会责任被赋予民营经济人士群体的同时，造就并形成民营经济人士的动力。民营经济人士社会责任就是在创造利润对股东负责的同时，承担对家庭、对员工、对消费者、对环境和对社会的责任，构建起与利益相关者共存共荣的生态圈。民营经济人士都是有着强烈责任感的人，社会责任感是民营经济人士的崇高境界和精神动力。对事业目标和个人价值追求的无限责任，成为民营经济人士孜孜以求的不竭动力。民营经济人士善于把压力和责任作为适应和改变生存环境的原动力，在敬业和勤奋工作中创造产品、服务社会。民营经济人士"致富思源、富而思进"，在取得经济效益的同时，不忘社会责任，竭力回报社会，自觉地把自身发展与社会发展结合起来，把个人富裕与先富带动后富、共同富裕结合起来。

（6）诚信守法经营与环境保护意识

调查显示，民营经济人士在诚信经营方面表现较好的占 86.5%②。诚信是市场经济的基本信条，只有诚信守法、注重声誉的企业，才能在激烈的市场竞争中获得最大的收益。社会上曝光的一些践踏诚信原则和道德底线的"企业家"，在损害个人声誉的同时，也给自己的企业带来了灭顶之灾。

诚信是民营经济人士的立身营商之本。诚信是商业活动的社会伦理底线，民营经济人士在发展事业的所有原则中，诚信是绝对不能摒弃的原

---

① 程林顺. 新时代推动民营经济人士履行社会责任的思考 [J]. 广西社会主义学院学报，2021（1）：33-37.

② 同①。

则。市场经济是法制经济，更是信用经济、诚信经济，没有诚信的商业社会，将充满极大的道德风险。

开展"守法诚信、坚定信心"等教育活动，使民营经济人士成长为"双创"大业的领行者、扶贫攻坚的参与者、依法治国的实践者和勇于担当的中国特色社会主义事业建设者。民营经济人士在自我学习、自我教育、自我提升的过程中，认识到依法经营、依法治企、依法维权的重要性。

调查统计结果显示，民营企业环境保护意识较强的占 71%[①]。大部分企业支持环保检查，采取积极措施遏制主要污染物超标排放，尽力避免环境污染事故，或通过技术革新不断提高资源、能源的利用效率，逐步摆脱传统高耗能、高污染的生产方式。

生态环境是人类物质生产与消费的基础。在日益扩大的人类经济活动中，不合理的生产与消费造成对不可再生资源的过度开采，使人类生存的生态环境受到破坏和污染，可供人类利用的不可再生自然资源数量迅速减少。生产与消费过程中大量排放的废气、废水、废物，对生态环境造成巨大的破坏。民营企业意识到要不断增强环保意识，生产绿色产品、消耗清洁能源、营造绿色环境，抵制和拒绝高耗低效多污染的产品的生产和销售，注重对生产生活垃圾的排放和处理。发挥行业组织和企业自身的监督自律作用，营造绿色生态消费环境，遵守《中华人民共和国消费者权益保护法》《中华人民共和国反不正当竞争法》《中华人民共和国产品质量法》《中华人民共和国价格法》等法律，杜绝制假售假、价格欺诈等侵害消费者利益的行为，让消费者敢于消费、放心消费。

（7）经济贡献力度与员工福利保障

民营企业家意识到建立规范合理的用工制度和收入分配制度的重要性，在确保员工社会保险、福利待遇、培训教育权利的同时，根据生产经营状况不断提高员工福利待遇水平，保持企业员工福利待遇在行业及地区的竞争优势，实现员工与企业发展的共赢共享。在员工权益方面恶意拖欠工资或故意压低员工工资、无视员工生产安全与健康、用工招聘欺骗或歧视、欠缴甚至不缴纳员工各种保险的现象越来越少。

民营企业大多注重维护职工的各项合法权益，依照《中华人民共和国

---

① 程林顺. 新时代推动民营经济人士履行社会责任的思考［J］. 广西社会主义学院学报，2021（1）：33-37.

劳动法》在平等协商的基础上与职工签订规范的劳动合同。其建立民营企业劳动关系协调机制，健全劳动争议处理制度，及时化解劳动争议，促进劳动关系和谐。企业在提升市场占有率，成为当地经营大户的同时，逐渐成为当地的盈利大户和纳税大户，为推动地方经济发展做出积极贡献。

新形势下，民营企业参与创新创业或混合所有制改革面临一定的挑战和机遇。一些民营经济人士持观望态度，对扶持补贴政策了解不够。一些民营企业自身科研能力不足，核心竞争力匮乏，希望借力混合所有制改革而搭上国有企业混合所有制改革的便车以实现转型升级的意愿强烈。

民营经济人士勇于发扬敢为人先的精神，以超常规思维或反常规思维承担风险和接受挑战。民营经济人士把创新作为企业家的本能行为，努力在生产流程创新、产品研发创新、市场营销创新、管理机制创新等方面有所突破。创新的过程也就是企业不断出奇制胜和发展的过程，创新精神的实质是做不同的事，它必须是以别人未想到的新思路、新技术、新策略、新方法谋求企业的发展，以非常规的方式配置企业的有效资源，基于对时机的准确把握和精准执行力，快速找到稍纵即逝的机会，通过智慧的研判形成企业决策，达成企业创新目标[①]。创新是企业持续发展的根本，任何企业，不论其在行业中地位如何，都需要不断创新、变革，才能使企业在市场竞争中立于不败之地，这也是许多著名企业成功的关键因素。阿里巴巴、华为、海尔等知名企业，都是因不断创新、变革才保证了企业的持续快速发展。

四、新时代民营经济人士履行社会责任存在的不足之处及制约因素

中国经济的快速发展离不开民营经济人士群体的崛起和努力，但现实社会中还存在诸多制约民营经济人士履行社会责任的因素，民营经济人士履行社会责任存在的不足之处需要引起各级党委政府的高度关注与重视。

（一）新时代民营经济人士履行社会责任存在的不足之处

（1）民营经济人士承担社会责任的潜力很大，但形式相对单一，缺乏

---

① 都跃良，刘彬. 非公有制经济人士精神的中国式解读 [J]. 企业改革与管理，2012 (6)：37.

长效机制

　　民营企业首要的社会责任是经济责任，其经济贡献度是民营企业履行社会责任的基础。民营企业不断扩大经营规模，提高经济效益，在纳税方面做出较大贡献，解决劳动力就业，保障员工合法权益，实现员工价值成长，构建和谐劳动关系，这些都是民营经济人士履行社会责任与做出社会贡献的具体表现。部分民营企业由于没有专门的履行社会责任的计划，大多是根据企业家个人喜好参与相关社会公益慈善活动，随机性、变动性较大。一些企业参与社会公益慈善活动的主要形式仍限于各类现金捐赠行为，而采取产业扶贫等造血型长效方式的较少，反映出企业家履行社会责任的方式和渠道不多。一些企业没能把社会责任作为企业发展战略的一个组成部分，没有把履行社会责任与提升企业和企业家社会形象结合起来，没有形成社会责任与企业商业利益相互促进的共赢机制①。

　　（2）民营经济人士缺乏将履行社会责任作为企业成长的内生动力的自觉性

　　企业家对企业发展方向起决定作用，也是履行社会责任的最终决定因素，民营经济人士的社会责任感是决定企业投身社会公益事业的主要动力。一些民营经济人士承担社会责任的思想意识与其管理水平不相配，对企业社会责任的重视程度不够，重经营管理轻社会责任的意识仍然存在。在企业内部表现为人本经营理念落实不到位，对员工权益保障的重视程度有待加强；对客户切身利益的关注度和忠诚度不够，在企业经营中没有很好地解决"企业发展为了谁、发展依靠谁、发展成果由谁分享？"的关键问题。在企业外部表现为义利观不明确，找不到企业与社会责任共同推进的切入点，企业利益最大化与社会责任之间仍存在观念意识冲突，企业承担社会责任的主动性不够，不能很好地在履行社会责任的过程中赢得社会公众与市场消费者的肯定与认同。

　　（3）民营经济人士以服务社会为核心的价值观念有待培育和加强

　　企业经营应秉持互利共赢原则，遵循诚信为本的商业道德，传承"以义取利""经世济民"的优秀传统商业伦理，弘扬爱国、诚信、守法、创新、友善、责任等理念，塑造以社会责任为核心的现代商业价值观。民营经济人士履行社会责任存在价值理念需要加强的问题，正确的价值观、义

---

　　①　全哲洙. 中国民营企业社会责任研究报告［M］. 北京：中华工商联和社，2014：12-13.

利观和道德观对企业健康发展具有长远支撑作用。积极投入社会公共事务和公益慈善事业，对于树立负责任企业家形象及提升企业品牌形象有着重要作用。比如，上海复星集团将"修身、齐家、立业、助天下"作为企业的核心价值观，强调发展起来的企业应当更有社会责任感，应与利益相关方分享发展成果，营造和谐的社会氛围①。

（4）民营经济人士成长过程中存在一些亚健康现象

民营经济人士数量众多，出现失信违约、制假贩假、偷工减料、拖欠工资等现象在所难免；个别民营经济人士攀附权力寻找保护伞，为了当选人大代表和政协委员甚至不惜拉票贿选；一些民营经济人士法律意识淡薄，不与职工签订劳动合同，不为工人缴纳社会保险，不执行国家最低工资标准，不提供必要的劳动保护措施，甚至严重忽视生产安全，致使在生产中产生安全事故，导致劳资矛盾紧张；一些民营经济人士社会责任感不强，实业报国的使命感滞后，致富之后履行先富带动后富的意识不够，缺乏引领社会风气改良和推动社会文明进步的积极作为。

（二）新时代民营经济人士履行社会责任的制约因素

改革开放以来，我国经济社会结构和利益格局发生显著变化，广大民营经济人士爱党爱国，坚定不移支持改革开放，积极投身社会发展事业。但现实中仍存在一些影响民营经济人士履行社会责任的制约因素，需要在今后的工作中加以改进和完善。

（1）舆论环境影响

在社会舆论的推动下，民营企业及企业家履行社会责任的实践活动日益频繁，社会责任已经成为企业发展和企业家个人成长的重要部分，其取得的成效和社会影响力有目共睹。但偷逃税款、逃避社会责任的现象依旧存在，急需营造有利于促进民营企业和民营经济人士承担社会责任的良好社会氛围和舆论监督环境。媒体曝光出极少部分民营企业环境保护意识观念滞后，企业发展能源和资源消耗高，主要污染物排放量超标，对当地空气、水质、土壤、环境造成不同程度破坏，甚至出现严重污染事故，导致社会公众对这些民营企业抱有负面情绪。有的民营企业表面是盈利大户，实际却不是纳税大户。有的民营企业被曝光拖欠或压低员工工资，忽视员

---

① 钟彤. 新的社会阶层人士统战工作方针 [J]. 四川统一战线, 2007 (3): 20.

工劳动安全与健康保护，签订劳动合同不规范或存在歧视，减少员工社会保险购买，员工处罚与辞退违反相关劳动合同法规。有的民营企业被媒体曝光制造及销售假冒伪劣产品、危害食品药品安全、发布虚假广告欺骗消费者或是侵犯知识产权。也有的民营企业在招投标过程中串标围标、非法转包分包或以回扣、暗股形式换搞利益输送，破坏了市场经济公平竞争秩序，在舆论方面给民营企业带来极大负面影响。

因此，应当增强民营经济人士与媒体以及大众之间的沟通交流，开诚布公地消除成见和误解，加大对民营经济人士的正面宣传力度。通过以弘扬"光彩精神"为主题开展系列社会活动，举办典型宣传巡回报告会或先进事迹报告会，发挥榜样示范作用，引导民营经济人士自觉学典型、当典范，形成弘扬社会正能量的强大声势，塑造民营经济人士积极正向的社会形象。

（2）法制环境影响

法律制度及其对产权的保护力度对民营经济人士履行社会责任起到至关重要的影响。良好的法制环境可以很好地保障民营经济人士的人身财产权、知识产权以及社会责任感；恶劣的法制环境则会抑制民营经济人士创新创业和履行社会责任的积极性，甚至还会诱导民营经济人士从创新创业等生产活动转向权力寻租，突破营商的法制底线。法制环境直接或间接影响着投资者投资权益，也影响着企业的决策和生产经营。在公正公开的法制环境下，企业经营遇到困难和问题时，要通过法律途径解决，而不是靠找政府找关系，更不会试图通过聚集闹事、偷逃税费、拖欠工资、偷工减料和偷排污物等违法手段来解决生产经营问题。

依法治企、依法维权是对民营经济人士最好的保护。因此，应坚持权利平等、机会平等原则，健全以公正为核心原则的法律制度，加强对各种所有制经济组织和自然人的财产权和合法权益的保护。深入开展法律进企业进商会活动，加强对企业家的法治宣传，明确法律红线和法律风险，强化其依法办事、依法经营意识，营造民营企业发展的良好法治环境。

（3）市场环境影响

良好的市场秩序依赖公平的市场规则来维护，市场规则是市场经济正常运行的保障，没有市场规则的维护，市场将处于无序、混乱状态，市场机制无法实现资源合理配置，无法实现优胜劣汰，甚至可能出现劣胜优汰，进而滋生消极腐败。靠商业贿赂、欺诈欺骗和"山寨"产品来发展企业是不可能长远的。民营经济人士的内部构成多样，在少数人中还存在着某些缺点、错误甚至不法行为，需要通过宣传教育活动促使民营经济人士严格规范企业经营管理行为，在市场竞争中做公平竞争的带头人，为创建平等、规范的市场环境做出贡献。

民营经济人士要树立公平竞争的规则意识。赚钱不能成为民营经济人士的终极目的，而只能是实现其事业和成就个人理想的手段，遵守公平竞争规则的意识才是民营经济人士在市场竞争中长期生存的根本。各地通过深化"放管服"改革进一步精简市场准入行政审批事项，扭转行业性垄断、地方性保护及不公平准入门槛等扭曲市场的政策，建立完善公平竞争的市场评估、监督和惩戒制度，运用经济的和必要的行政手段，严厉打击破坏市场公平竞争规则的行为，实施公平统一的市场监管制度。

（4）政商关系影响

民营经济人士如果疏于自律，热衷于拉关系、搞围猎，就会导致政商关系不正常运行，也会使社会上对政商关系存在异议。有的民营经济人士在遇到困难时不依法依规办事，习惯于"找关系""疏关节""托人情"，甚至个别企业家想通过行贿送礼来谋取对企业经营有利的资源。一些地方官员的腐败行为导致民营经济人士经营成本倍增，企业被迫把大量精力和资本用于维护关系和获取政府资源，最终使民营经济在发展中逐步丧失竞争意识、风险意识以及创新意识。企业发展过度依赖关系资源虽然可以带来资金、资源、补贴、税收减免等暂时性好处，但也会抑制企业家的创新意识与市场竞争意识，甚至导致权力寻租的恶劣后果。

政商之间正常交往是必须的，这种交往不应该是利益之交，政商交往讲究相敬如宾，而不是勾肩搭背，不能搞成封建官僚和"红顶商人"之间的那种寻租型关系，也不能搞成西方大财团和政界之间的那种合谋型寡头游戏，更不能通过利益输送或要挟以实现特殊利益。应当直接联系管理民营经济人士的相关部门领导干部，不定期走访民营企业来调查了解情况和听取意见建议，力所能及地协调帮助其解决一些实际困难和问题。民营经济人士参加座谈交流会要根据掌握的情况积极建言献策，讲真话、说实情、建净言，使政府与企业之间相互理解、相互信任、相互支持、相互促进，形成政府与民营企业之间的良性互动关系。

（5）政策施行效能影响

当前民营经济人士履行社会责任的政务环境总体上趋向宽松，但也有一些地方为了减少麻烦或避免受拖累牵连，部门办事效率有所降低。有的部门对民营经济人士不理不睬或有意回避，报批项目迟迟进不了程序，影响民营经济人士创新创业发展的积极性。在大力推进混合所有制改革的过程中，民营经济人士普遍表现出参与动力不高，担心自己处于弱势地位，在混合所有制企业中没有话语权，难以真正地享受与公有制经济平等的权益。促进民营经济发展的很多惠企政策进入门槛过高，使得一些中小微企业面对政策时望而却步，"卷帘门、玻璃门、旋转门"与"融资的高山、转型的火山、市场的冰山"所谓"三门三山"问题仍然存在。一些帮扶和促进民营经济快速发展的政策，在市、县级层面出现梗阻而未能即时落地落实，影响到政策施行的效能，降低了民营经济人士的政策获得感。

五、搭建新时代民营经济人士履行社会责任的平台载体

民营经济人士履行社会责任的重要抓手离不开平台与载体的搭建，这是统战工作接地气、有成效的着力重点。民营经济人士履行社会责任要时刻突出不忘初心、捍卫核心、围绕中心、凝聚人心的时代使命。应当找准新时代民营经济人士履行社会责任的主要抓手，发挥人民政协、工商联、行业商会、异地商会以及非公经济基层党、团、工会组织载体的优势作用，凝聚民营经济人士的强大力量，不断提升其对全局工作的贡献度。

针对当前民营经济人士履行社会责任存在的不足之处及其影响因素，本书就提升民营经济人士履行社会责任力度提出以下建议：

（一）发挥民营经济人士在政协、人大等组织中的重要作用

对政治上先进的民营经济人士，不仅要表彰、支持、保护，对其代表人士还要在政治上给予适当安排，使其在政协、人大等组织中发挥作用。同时，应当不断提升民营经济人士的政治把握能力和参政议政能力；支持开展社会调研、民主评议政府相关部门以及完善决策咨询制度；拓展民营经济人士信息收集、诉求表达的渠道；通过评优表彰、发挥榜样示范作用，促进民营经济人士健康成长，引导民营经济人士致富思源、富而思进、义利兼顾、造福人民。

在改革开放的进程中，在党的富民政策的指引下，通过诚实劳动、合

法经营先富起来的个体劳动者和私营企业主，不仅是党和政府的政策支持的，也是光荣的，他们为建设有中国特色社会主义事业贡献了力量，应该受到社会尊重，私营企业主等新的社会阶层是中国特色社会主义事业建设者。

（二）强化工商联的职能作用

充分发挥工商联在民营经济人士参与国家政治和社会事务中的主渠道作用。工商联在做好民营经济人士工作方面具有独特优势，工商联应当围绕促进"两个健康"主题，履行职责、发挥作用。"两个健康"工作主题，是同心思想在工商联工作中的集中体现，明确回答了工商联如何引导民营企业和民营经济人士与我们党思想上同心同德、目标上同心同向、行动上同心同行这个具有全局性的重大问题，为当前和今后一个相当长时期加强和改进工商联工作提供了根本遵循。要充分发挥工商联在民营经济人士思想政治工作中的重要作用，引导民营经济人士健康成长，建立促进民营经济人士弘扬企业家精神的工作机制。

同时，要发挥行业商会、协会、异地商会促进市场发展和行业自律等方面的职能作用。根据实际需要强化工商联的职能，探索和创新工作模式、流程、规制等，健全工商联乡镇商会、行业商（协）会等基层组织体系，加强基层商会的组建与功能开发，发挥异地商会的作用，发挥企业、民营经济人士的主体作用，建立轮值制度、联络员制度、情况通报制度等，真正把行业商会、协会、异地商会纳入工商联组织，发挥好工商联的职能。通过打造行业协会微信公众平台，加强最新政策信息解读，为企业和行业协会提供工作动态信息，更好地服务会员企业和成员单位。联系媒体开展对商协会的专题采访及报道，加大对商协会工作的宣传力度，树立起商协会的良好社会形象，发挥示范引导效应。切实发挥商会作用，进一步提升整体工作效能。鼓励引导民营企业加入商会，支持商会承接公共服务职能，指导民营经济人士坚持诚实守信、依法经营、依法治企、公平竞争，在市场竞争中做合法、守法经营的带头人，为创建法治、平等、规范的市场经济秩序做出应有的贡献。

（三）探索建立全省统一的企业维权服务平台

探索建立全省统一的企业维权服务平台，统一受理非公企业诉求，帮助企业依法保护合法权益。探索筹建商会大厦以及商会服务中心，专门从事商会会员服务，承担民营经济的政策咨询、融资、培训、维权等服务工作。加强对涉及民营经济企业债务、股权、产权、工伤、工资和劳动争议等案件审判、执行活动的法律监督，最大限度避免和减少对企业正常经营的影响。严格执行保护合法私有财产的法律法规和行政规章，任何单位和个人不得侵犯民营企业的合法财产，不得非法改变民营企业财产的权属关系。特邀综合素质强的民营企业人士担任特约仲裁员，运用仲裁法律制度解决民商事纠纷。探索建立起工商联机关干部对口服务民营企业制度，定服务对象、定任务、定职责，经常了解企业想什么、需要什么样的服务，及时处理和解决民营企业发展中遇到的实际困难和问题。

（四）加强民营经济基层党组织建设

新时代民营经济人士是党建工作的新领域和新对象，民营经济人士工作中很重要的环节是加强党建工作，这是发挥党的政治优势和巩固中国共产党执政地位的需要，也是做好新时代民营经济人士工作的手段和载体。在民营企业中建立党的组织，本着有利于开展党的工作和企业发展的原则，分步实施，坚持"成熟一个建立一个，建立一个巩固一个，巩固一个提高一个"的党建理念，因企制宜、因时制宜、因人制宜，既重视组织建立，更注重组织建立后的效果，使党建工作呈现出良性互动、协调发展的良好局面。通过搭建党建工作宣传云平台，大力宣传党中央关于民营经济发展的大政方针，支持他们主动适应信息技术发展的新要求，不断增强民营企业发展内在动力。

在积极履行社会责任的同时，民营经济人士对党建工作的认识也上升到新的高度，他们把感恩党的思想感情体现在积极支持本企业组建党组织、为党组织发挥作用提供条件的实际行动上，一些出资人主动要求入党，部分出资人党员还担任了党组织负责人。加强党建工作，增强民营经济人士的归属感，使民营经济人士经常受到党性教育引导成为现实，可以更好地发现和培养民营经济代表人士，有利于形成"爱国、敬业、诚信、守法、贡献"的优秀中国特色社会主义事业建设者精神。

工商联党组应当支持和配合做好所属会员企业、各类商会党组织组建工作，推动成立行业性或区域性党组织，这是当前党中央赋予工商联的一项光荣而艰巨的新使命。民营经济成为党的群众工作的新领域，加强民营企业党建工作，有利于把广大职工群众和民营经济人士团结在党的周围；有利于进一步扩大党组织和党的工作覆盖面，增强民营经济党组织的创造力、凝聚力和战斗力，增强党员队伍的责任感、荣誉感和使命感；有利于在民营经济组织中构建以人为本、和谐共处、共谋发展的劳动关系，推动企业在加快自身发展的同时，履行社会责任；有利于党组织和党员及时了解职工群众的思想动态，加强对职工的人文关怀，协助企业做好矛盾化解工作，维护职工和企业双方的合法权益。

民营企业党组织要紧紧围绕企业生产经营管理开展党的活动。按照企业需要、党员欢迎、职工赞成的原则，把党组织活动与企业生产经营紧密结合起来，探索建立党组织与企业管理层双向互动的体制机制，以企业有发展、职工得实惠的实际成果取得企业出资人和职工群众的支持。通过邀请出资人参加党的活动，对他们加强中国特色社会主义理论体系、党的政策和法制教育，引导他们对职工加强人文关怀，实行人性化管理，努力成为中国特色社会主义事业合格建设者。以党支部活动为载体引导广大员工自觉把个人理想与企业目标融为一体，树立"企荣我荣、企衰我耻"的观念，发挥党组织的思想政治工作优势，提高职工队伍素质。组织带领职工群众创先争优，引领建设先进企业文化，塑造鲜明的企业形象，提升企业品牌知名度，形成有利于公众识别的企业标志。以党的思想理论引领企业文化建设，找到企业发展与履行社会责任的契合点，找准服务企业加快转型升级、实现更好更快发展目标任务的切入点和着力点，为企业科学发展凝心聚力，不断提升企业的核心竞争力。

（五）办好民营企业家学院

以弘扬优秀传统文化、优秀企业家精神为主要内容，办好民营企业家学院或商学院，形成规范化常态化教育培养体系。密切结合民营经济人士的生产经营，举办各层次经营管理培训班，分析研判经济形势和民营经济发展状况，了解重要改革举措和涉企政策，开展先进管理经验交流，学习现代企业经营管理知识，完善法人治理结构，探索建立现代民营企业制度。创新民营企业家学院或商学院运营管理，引入市场机制，为民营经济人士创新新思路打下良好基础。加强民营经济人士之间的联系与合作，帮助企业家提升经营能力和管理水平，以及应对经济下行和转型升级的能力。以民营企业家学院或商学院替代一些不规范的民营经济人士联谊组织或培训机构，按照民营经济人士培训需求，嵌入式开展民营经济人士工作，并渗透到为其经营管理的服务之中，以促进民营经济健康发展和民营经济人士健康成长。

（六）加强社会公益事业参与渠道管理

社会公益事业领域涉及公益助学、医疗救助、就业扶持、扶贫捐助、养老助残与乡村振兴等方面，要进一步完善公益活动和社会组织的管理，搭建交流推介平台，加强联系协调、信息共享，促进民营企业与慈善组织有效对接与有效合作，为民营企业参与社会公益事业提供便捷渠道，促进民营经济人士在解决社会问题与促进共同富裕中不断做出新贡献。鼓励和支持民营经济人士开展社会捐赠、设立慈善组织；鼓励和支持民营企业组织员工开展志愿服务活动；鼓励和支持民营企业在投资兴业中吸纳残疾人和贫困家庭劳动力就业，用公益的手段产生经济价值的同时能够壮大企业，实现公益目标和经济目标、社会效益和经济效益的有机统一；鼓励和支持民营企业采取冠名、资助等协作方式，与社会组织、科研机构等合作开展各类慈善文化活动，弘扬慈善文化；鼓励和支持民营经济人士发扬光彩事业精神，创新公益事业发展新模式、新途径和新机制，借助网络新科技建立线上公益平台，完善线上捐助活动，壮大利他、利众和利社会的公益经济。各级各部门要积极推动从政府采购、土地供应、设施配套、企业服务等方面对为公益慈善事业做出突出贡献的民营企业提供便利和优惠条件，报刊、广播、电视、互联网等要大力宣传民营经济人士的慈行善举，评选"慈善家""慈善之星"等先进典型、慈善奖项时应注重表彰民营经济人士公益慈善典型。

六、激励民营经济人士履行社会责任的工作机制建设

民营经济人士队伍感恩改革开放政策，积极投身社会主义现代化建设事业，广泛地参加到国家政治、经济和社会生活中，积极参与光彩事业、同心工程、感恩行动等社会公益活动。新时代需要有新作为，引导民营经济人士更好地承担社会责任，探索民营经济人士履行社会责任的激励机制在当前显得尤为必要。引导民营经济人士在取得经济效益的同时，不忘社

会责任，竭力回报社会，积极参加捐资助学、扶贫帮困等社会公益事业，把个人富裕与全民共同富裕结合起来，把自身发展与国家发展结合起来。组织民营经济人士围绕共同富裕目标奉献智慧、贡献力量，在"万企帮万村""万企兴万村"的过程中不断提升社会影响力和社会责任担当自觉性，强化民营经济人士的集体意识和奉献精神，激励民营经济人士不忘创业初心、接力改革伟业，把爱国之心、敬业之意融为报国之行、创业之举。

（一）改进民营经济人士履行社会责任的教育培训机制

加强民营经济人士的思想政治工作，引导其政治成长，增强其政治认同，是当前统战工作的政治任务。要注重思想政治工作的针对性、主动性、层次性和实践性，坚持正面教育、正面引导和民营经济人士自我教育相结合，积极培育民营经济人士的核心价值观。另外，思想政治工作一定要和经济服务工作相结合，贯彻体现时代性、把握规律性、增强针对性、提高实效性的基本要求，针对民营经济人士的年龄特征、企业实际、本人需要，通过工商联的各种宣教平台和社会活动，与他们真诚沟通、真心交流，帮助他们解决实际问题，在思想政治工作方面进行新探索，形成新局面。

开展面向民营经济人士的政策培训。加强政治理论教育，有目的、有计划地向民营经济人士进行习近平新时代中国特色社会主义思想以及相关政策方面的教育培训和宣传，不断巩固和发展最广泛的爱国统一战线。在广大民营经济人士中广泛、深入、持久地进行社会主义教育及核心价值观教育，使社会主义核心价值观成为民营经济人士的价值导向和道德准则，增强民营经济人士的制度认同、道路认同和价值认同。

组织培训是做好民营经济人士思想政治工作的重要手段。针对民营经济人士参加教育培训的殷切希望和特点要求，制定专门的教育培训计划，举办民营经济人士培训班、研修班，进行政治理论培训，达到统一思想认识、凝聚共识的目的。培训要切实做到"缺什么补什么、需要什么培训什么"，有的放矢地设置培训内容、开设特色课程、丰富教学形式、提高培训层次。培训要结合民营经济人士的生活和工作实际，灵活设置培训的时间和方式，确保他们坐得下、听得进、学得牢、有成效。

采取实践教育的方法，寓教育于活动之中。通过邀请民营经济人士参与各种重要纪念活动，对民营经济人士集中进行一系列深入的形势政策和国情省情教育，激发广大民营经济人士的爱国热忱，让广大民营经济人士认识到今天的大好形势来之不易，从而发自内心地拥护社会主义制度。结合统战工作特点，组织民营经济人士积极参加多种社会实践活动，包括社会调查研究、参观考察、现场体验教学等，使其在改造客观世界的过程中同时改造自己的主观世界，从而不断提高其思想觉悟和认识、分析问题的能力。通过鼓励、引导民营经济人士参加公益慈善活动和志愿者活动等，丰富民营经济人士的思想感受和情感体验，强化其集体主义意识和奉献精神。组织社会实践活动要把准民营经济人士思想政治工作的脉络，最好能把活动与企业生产经营紧密地结合起来，通过开展各类有益身心健康的社会实践活动，聚焦其关注的热点，选准能够引起共鸣的话题和节目，使民营经济人士在身心愉悦的活动中受到最直接的教育和熏陶，树立起正确的世界观、人生观、价值观。

（二）完善民营经济人士履行社会责任的人才培养机制

进一步探索研究民营经济人士成长规律，完善综合评价体系，形成民营经济人士选拔、考核、培养、推荐的工作机制，加强分层次教育培训和指导，促进民营经济人士综合素质的提高。在人大代表、政协委员以及工商联等组织中都要有一定数量的民营经济代表人士，建立畅通有序的政治参与渠道，让民营经济代表人士在政治上有地位、在社会上有影响、在荣誉上有体现，鼓励、支持、激发、调动民营经济人士为国家、为社会多做贡献。培养、造就一支能够坚持党的基本路线，拥护党的领导，业绩突出，群众认可的民营经济代表人士队伍。

畅通人才向民营企业流动的渠道。在人才引进支持政策方面对非公企业一视同仁，积极推动将民营经济代表人士纳入重大人才培养计划。加强民营企业家学院、企业家协会及商学院建设，为民营经济人才队伍打造发展平台。如四川省实施企业经营管理人才队伍建设规划，在培养行业认可度较高、发展潜力较大的"新一代川商"的基础上，培养大批能够引领企业跻身全国行业前列的"川商精英"企业家，以及具有自主知识产权、擅长经营管理的复合型"科技儒商"和具有核心竞争力、居于国内行业一流水平的创新创业团队。

（三）健全民营经济人士履行社会责任的协作服务机制

建立支持民营企业发展的协作服务机制，加强和改善民营经济发展联席会议制度，向党委政府建议充实联席会议成员单位，定期通报情况，解决问题。围绕民营企业发展情况和有关宏观经济政策及产业政策，由相关经济部门为非公有制企业提供政策咨询、融资、科技、管理、质量、品牌、军民融合及国内外经贸合作等服务，为民营经济交流合作提供畅通、高效的信息。建立特邀顾问联系制度，聘请有关部门负责人为工商联特邀顾问，组织科研院所成果转化与民营企业的对接工作会。省、市（州）领导以及市级各部门、各区（市）县政府负责人定期与企业分别进行"一对一"沟通交流，听取意见建议，现场协调解决企业生产经营中遇到的困难和问题，并召开总结会，共同分析企业提出的共性问题，研究解决对策。每季度或半年召开一次座谈会，对于当地企业反映的问题，必须做到"件件有答复、事事有回应"，落实责任、设立期限、加强督查、及时反馈，确保问题全部得到妥善解决。

继续推进简政放权，加强政务公开，推动贯彻平等准入、公平待遇原则。破除体制障碍，加强优化营商环境涉及的法规规章备案审查，提高政策施行效能，增强企业的政策获得感。大力降低各种产业和行业的准入门槛，抓好政策的落地落实工作，特别是做好宏观经济政策的配套实施细则，凡是法律法规未明确禁入的行业和领域都应该允许民间资本进入，凡是已向外资开放或承诺开放的领域都应该向国内民间资本开放，避免地方制约因素导致原有政策的闲置失效。

以四川省为例，四川省先后出台系列推动促进民营经济发展的举措，在保持社会稳定和经济持续健康发展的同时，为民营经济发展创造更为宽松的社会环境。近年来四川省大力改善投资环境，激发民间投资活力，缓解民营企业融资难融资贵的问题，提升民营企业竞争实力，加强民营企业合法权益保护，落实涉企收费清单制度，清理违规涉企收费、摊派和各类评比达标活动，切实降低企业成本费用。

（四）建立民营经济人士履行社会责任的舆论引导机制

通过舆论宣传为地方经济发展和社会公益事业做出突出成绩的代表人物和先进事迹，不断扩大民营经济人士履行社会责任的影响力，塑造民营经济人士富而思源、回报社会的新形象。现实生活中有的人看不惯民营经济人士，总是戴着有色眼镜看待民营经济人士，片面地把他们看成贫富分化的制造者。这就需要通过舆论引导，在潜移默化中改变社会对民营经济人士的陈旧观感。围绕年轻一代民营经济人士的群体特点和成长规律开展统战工作，有针对性地对他们加强国情和传统文化教育，引导他们继承发扬老一代民营经济人士的创业精神和"听党话、跟党走"的光荣传统，在创业创新中健康成长，营造民营经济人士主动履行社会责任的舆论氛围。

鼓励民营经济人士敞开心扉、回眸成长，总结这些年来实现成功和发展梦想的经验和体会，引导他们解放思想、敢于突破、勇于创新。营造实干兴邦、实业报国的社会氛围，引导民营经济人士处理好个人与社会的关系，强化履行社会责任的使命感，更加自觉地担负起社会责任，为实现民族复兴的共同梦想贡献力量。开展"优秀中国特色社会主义事业建设者"表彰活动，表彰做出突出贡献的民营经济人士。树立典型人物进行示范教育，激起民营经济人士思想情感的共鸣，引导民营经济人士学习、对照和仿效。抓典型、树榜样，培养选拔政治素质好、有影响、有威望和有一定参政议政能力的代表人物，做好政治安排，增强其荣誉感和社会责任感，以影响和带动与他们所联系的一大批同业人员。我国绝大多数非公企业都是依靠艰苦奋斗地创业而逐步发展的，宣传民营经济人士中艰苦创业和创新发展的典范，可以在一定程度上矫正普通民众对于民营经济人士的偏见和误解，有利于倡导和形成诚实劳动、合法经营的良好社会风气，营造亲商、重商、利商的社会舆论氛围。

（五）建立民营经济人士履行社会责任的正向激励机制

综合运用政治激励、精神表彰与物质奖励相结合的方式，在创新创业、税收缴纳、解决就业、环境保护、精准扶贫、社会公益等领域，经核定对符合政府补贴和优惠条件的民营企业给予扶持与税费优惠。鼓励民营经济人士敢于突破、勇于创新，融入"双创"大业，因地制宜聚焦主业加快转型升级，进一步把企业做大做强。支持民营企业建立专门负责新技术、新产品研发的机构，在坚持自主研发的同时，与高等院校、科研院所结成战略联盟开展联合研发。支持民营企业与国有企业并驾齐驱、相互配合，加大新技术和新产品研发经费的投入，形成企业为主体、产学研相结合、大中小企业协调发展的局面。鼓励民营企业实施品牌发展战略，争创名牌产品，提高产品质量和服务水平。鼓励和引导民营企业发展战略性新兴产业，广泛应用信息技术等高新技术改造提升传统产业，大力发展循环经济、绿色经济。

推动民营企业与国有企业的融合发展。要积极稳妥发展混合所有制经济，通过国有企业和民营企业相互参股、融合发展，形成股份上混合、技术上整合、产业分工上配合，打造现代经济的产业链，不仅国有企业获益，民营企业也可以获得新的发展空间，迈上新的发展层级。国有大企业与民营中小企业要用协议、利益、技术牢牢捆成一体，实现良性合作，形成一条完整的技术链、产业链，结成共同利益链和价值链，提高抵御市场风险的能力，鼓励民营企业积极参与"一带一路"建设，在全球竞争中焕发活力。

广大民营经济人士要准确把握我国经济社会发展趋势，大力提升自身综合素质，弘扬爱国敬业、遵纪守法、创新发展、服务社会、履行责任的优秀企业家精神，发挥企业家才能，完善企业经营管理制度，增强企业内在活力和创造力，推动企业取得更新更好发展。社会层面要倡导"像尊重科学家一样尊重企业家""像爱护教育家一样爱护企业家"，引领民营经济人士成为"双创"大业的领行者、扶贫攻坚的参与者、依法治国的实践者和勇于担当的中国特色社会主义事业建设者。

第四章　新时代民营经济创新发展

改革开放以来，我国民营经济不断发展壮大，已经成为国民经济的重要组成部分，在创业就业、技术创新、稳定增长、改善民生、增加税收和开拓国际市场等领域发挥了重要作用。民营经济作为我国经济制度的内在要素，始终是坚持和发展中国特色社会主义的重要经济基础。开展民营经济人士思想政治引领工作，形势紧迫，任务艰巨。我们要通过分析研究我国民营经济发展现状，梳理新时代民营经济人士结构变化特点，总结新时代民营经济人士思想状况、行为特征和发展趋势，来探索搭建民营经济人士思想引导平台，加大民营经济人士思想引导力度，加强民营经济代表人士队伍建设，引导民营经济人士弘扬优秀企业家精神，推动民营经济高质量发展。

一、民营经济发展新态势

改革开放以来，我国民营经济从小到大、由弱变强，民营经济的平均增长率超过国有经济和集体经济的增长率，民营经济在支撑增长、促进创新、扩大就业、增加税收、维护社会稳定等方面具有重要作用。

（一）民营企业数量多，规模不断扩大、实力不断增强

民营经济在国民经济的很多领域发挥着不可替代的作用，不仅提供了多样化的产品和服务，满足了人们多样化的物质产品和服务需求，还活跃了市场，成为市场经济环境下不可缺少的重要组成部分。

（二）民营经济的社会贡献不断增大、社会效益不断提升

持续、高效、大量地吸纳就业是民营经济对国民经济发展的重要贡献

之一。创造更多的就业机会，是各级政府的一个较为长期和艰巨的任务。由于国有经济布局的调整，国有经济和集体经济的就业人数持续减少，而正是民营经济每年创造了数百万的就业机会，不但吸收了新增的就业人员，而且吸收了从国有企业分流出来的人员，民营经济成为创造就业机会的最大来源。在许多地方，民营经济直接和间接创造的税收比例越来越大，民营经济提供的税收支撑着地方财政收入。

（三）民营经济是创业创新的主体

民营经济创造的企业盈利用于投入科研创新和扩大再生产，引领社会创新创业风潮，成为推动经济发展的直接动力。民营经济加快了第三产业的发展，促进了产业结构的优化升级，成为推动经济体制转轨和国有企业深化改革的重要力量。

以深圳市为例，全市创新呈现"四个90%"的格局，即90%以上的研发机构设立在企业，90%以上的研发人员集中在企业，90%以上的研发资金来源于企业，90%以上的发明专利出自企业。这其中大部分企业是非公有制企业。2015年，深圳市 PCT 国际专利申请量连续12年排在全国首位，达1.33万件，这其中大部分的贡献也来源于非公有制企业[①]。

（四）民营经济发展环境变化

多数民营企业对大型企业依附性强，缺乏自主品牌以及核心竞争力，大多集中在劳动密集型产业，如纺织品、服装、玩具、制鞋产业和商业服务业，产业结构轻型化，创新能力低，长期处于产业价值链的下游。近年来，我国劳动力、土地等资源的要素成本不断攀升，在经济转型升级的推动下，要求我国必须发展先进制造业。新一轮科技革命和产业变革与我国加快转变经济发展方式形成历史性交汇，国际产业分工格局正在重塑，我国民营经济发展迎来重大机遇。民营企业经营管理模式灵活，相对于部分国有经济体僵化的管理模式，具有"船小掉头快"的优势，更利于顺势而行、择优而进，由原来依靠低工资、低成本、低附加值的生产模型，转向依赖产品、技术创新，引领需求升级、增加产品附加值的新增长模式。在这次产业转型中，民营经济将成为中国国民经济最具活力的部分，它不仅

---

① 林洁. 为"新常态"下民营经济发展营造更好环境 [N]. 深圳特区报，2016-03-22.

对发展我国社会生产力，满足人民多样化需要，促进国民经济发展发挥着日益重要的作用，而且吸纳了大量社会闲散人员和国有企业下岗职工，为维护社会稳定做出了巨大贡献。

改革开放以来，逐步形成了一支坚持走中国特色社会主义道路，拥护中国共产党领导，具有产业报国理想和勇于承担社会责任的民营经济代表人士队伍。民营经济人士在政治上更加成熟，在经营上更加稳健，普遍关注自己在社会阶层中的社会地位，关心自己的合法权益，尤其是私有财产的安全与保障，渴望享受与经济地位同等的政治待遇，政治参与主动性明显提高，寻求政治上的沟通渠道和参与平台的愿望十分强烈，迫切要求我们因势利导，加强民营经济人士的思想政治工作，引导其政治成长，增进其政治认同。在改革开放的进程中，在党的富民政策的指引下，通过诚实劳动、合法经营先富起来的个体劳动者和私营企业主，不仅是党和政府的政策允许的，也是光荣的，他们为建设有中国特色社会主义事业贡献了力量，应该受到社会的尊重。

民营经济人士是中国特色社会主义事业的建设者，要肯定民营经济人士的积极作用。对民营经济人士的先进与否如何看待？一是要看其思想状况和现实表现；二是要看其财产是怎么得来的以及对财产怎么支配和使用；三是要看其对中国特色社会主义事业所做的贡献。对政治上先进的民营经济人士，不仅要表彰、支持、保护，对其代表人士还要在政治上给予适当安排，使其在工商联、政协、人大等组织中发挥作用。

广大民营经济人士对新时期党的路线、方针、政策表示坚决拥护，对目前经济发展形势普遍表示满意，对个人前途和企业发展的预期充满信心。要加快我国的现代化建设，必须保持社会稳定和经济持续健康发展；同时要为民营经济发展创造更为宽松的社会环境，进一步改善投资环境，保持政策的连续性，以求得公平、公正发展；有关部门要强化服务意识，采取行之有效的措施，真正落实好各项政策，使民营企业实现又好又快发展。

二、新时代民营经济人士的结构变化

（一）新时代民营经济人士的组成结构发生变化

新时代民营经济统战工作对象主要包括民营企业主要出资人、实际控制人，民营企业持有股份的主要经营者，民营投资机构自然人大股东，以民营企业和民营经济人士为主体的工商领域社会团体主要负责人，相关社会服务机构主要负责人，民营中介机构主要合伙人，在内地投资的港澳工商界人士，有代表性的个体工商户等。民营经济人士范畴因之发生新的变化，民营经济人士结构也发生新的变化。

一个地方民营经济强则经济强，民营经济活则经济活。我国经济结构发生了较大变化，民营经济已经成为推动我国经济社会发展不可或缺的重要力量。信息化时代新技术方兴未艾，民营经济人士结构变化很大。传统行业的民营经济人士集中在劳动密集型制造业、商业服务业、农产品加工业、采矿业以及建筑装修行业稳步发展的同时面临转型升级的压力；创新型科技企业如腾讯、阿里巴巴、华为、百度、大疆，技术创新性强，品牌覆盖面广，社会影响力巨大；中小微企业逐步复工复产，触角深入社会生活的方方面面，涵盖衣、食、住、行、娱乐、健康、医疗、养老、教育、培训、文化、旅游、酒店等，民营企业紧跟居民收入水平和人们生活消费习惯的变化趋势，主动谋变融入电子商务、移动支付、团购与外卖；从事出口的民营企业或处在上下产业链上的民营企业，对国家产业政策和税费政策敏感度高，对市场环境变化反应强；民营中介机构主要合伙人则服务配套于大型企业和单位，对大型企业和单位依附性强。

创新创业大潮涌动，民营经济人士的年龄结构和文化素质发生较大变化。据调查，民营经济人士大多处于30~49岁的年龄段，且农民工返乡创业、大学生创业以及海外归国留学生创业集中爆发，有研究生学历的民营经济人士比例大幅提升。改革开放四十多年来，民营经济人士共有四次创业浪潮，四代齐聚并都在不同领域发挥着重要作用，比如"84派"（1978—1987年）的任正非、刘永好、张瑞敏等；"92派"（1988—1998年）的冯仑、陈东升等；"99派"（1999—2009年）的马云、刘强东等，"15派"（2010—2018年）的互联网+科技型企业如拼多多、美团、饿了么、抖音、快手等。年轻一代民营经济人士文化素质普遍较高,创新精神和创业意识较强,集中于科技、文化、教育、投资、互联网、移动社交领域,企业经营与国际市场同频共振,投融资理念较为激进,与"下海经商"或从乡镇集体企业崛起的老一代企业家大相径庭。发挥老一代民营企业家传帮带的作用,引导年轻一代继承老一代企业家的优良传统,努力实现事业接力传承与发展,是新时代民营经济人士结构发生新变化需要应对的现实挑战。

(二) 新时代民营经济人士的观念结构发生变化

新时代民营经济人士在经济上有实力、社会上有影响、政治上有诉求。引导民营经济人士转变观念、创新思路、提高素质是当前统战工作面临的重要任务。民营经济人士思想观念对社会舆论导向有较大影响力,直接影响到地方经济社会稳定发展和国家经济总体发展战略。受新冠病毒感染疫情冲击影响较小的如医疗、废物处理、环保设备等领域的企业家对经济发展形势乐观且信心充足,企业发展前景处上升趋势;传统行业领域的民营经济人士面临转型升级的压力,由于企业家经营观念上的思维定式、路径依赖、利益固化以及对新行业、新科技把握不准,产生"不转型是在等死,转型又怕是找死"的心理焦虑;酒店、餐饮、驾培、旅游、教育培训、医疗美容等实体店经营领域的企业家面临国际国内经济形势变化带来的冲击,坚守实业、做强主业的观念弱化,对行业未来发展预期不太乐观,短期内投资行为处于观望状态,或转向投入虚拟经济,或为了资产保值增值择机向海外投资。

当前民营经济人士的观念结构变化成为全社会关注的焦点。一部分民营经济人士表露出对转型发展没信心、对产权保护不放心、对实体经济不专心,缺乏做好产品的匠心和做大做强企业的雄心;个别民营经济人士迫于压力或疏于自律,出现逃债、欠贷、失信甚至违约问题,没有认识到树立正确的社会道德观、义利观和价值观对企业健康发展的长远支撑作用。部分企业家要求加强对民营企业的关心服务,加大推动构建市场化、法治化、国际化的营商环境的力度,组织企业家参加经济形势研讨和政策宣讲活动,以此增强民营经济人士对中国特色社会主义的信念、对党和政府的信任、对企业发展的信心、对社会的信誉。

（三）新时代民营经济人士的利益结构发生变化

随着我国社会利益格局的深刻变革，民营经济人士的独立性和自我意识显著增强，利益诉求日益多样化，要求提升其政治地位以及建立有效沟通渠道的愿望强烈。民营经济人士利益诉求与政治参与的有序表达，对国家改革、发展以及稳定大局有不可忽视的影响。由于民营经济人士自身构成的复杂性，其利益诉求的独立性、多变性、差异性明显。

民营经济人士的利益结构随经济发展变化而变化。当前，民营经济发展面临成本不断提高、产业利润不断下降的困境，如税费、融资、劳动力成本、土地房租、公共产品等负担依然较重，行政事业性收费及办理各类手续产生的隐形费用给企业带来较大负担，其中包括教育费附加费、水资源费、社会保险费以及环保、能源、安全、消防、雷电、气象、地震评审费用等。新冠病毒感染疫情冲击以及国际市场影响要求聚焦民营经济发展，倾力帮助民营经济迈过转型升级这道坎，引导民营企业走提升产业层次的转型发展之路、提升竞争优势的创新发展之路、提升质量效益的高质量发展之路。

三、引导民营经济人士弘扬企业家精神

习近平总书记重申"三个没有变"的讲话精神极大地鼓舞了民营经济人士加入"双创"大业的士气，激发了企业家勇于担当的精神。全国各地各部门连续出台了一批政策措施，形成了鼓励、支持、引导民营经济发展的政策体系，民营经济发展面临前所未有的良好政策环境和社会氛围。

引导民营经济人士弘扬企业家精神，增强民营经济人士的政治把握能力，是当前面临的一项重要任务。民营经济人士思想状况及其行为特征，直接影响社会风气养成。理清社会主义市场经济环境下企业家精神的内涵实质很有必要，应当通过深入分析影响企业家精神发挥作用的因素，推动建立民营经济人士弘扬企业家精神的工作机制，大力发挥广大民营经济人士在创新创业中的作用，引导民营经济人士积极主动履行社会责任。

（一）社会主义市场经济环境下企业家精神的实质内涵

对企业家精神的概括多种多样，包含政治智慧、创新意识、责任意

识、意志品格、文化价值观等思想内涵，这些都是现代企业家应该具备的精神特质，也是支撑企业家群体的精神力量。通常认为这种借由追求个人的利益，往往也更为有效地促进了整个社会的利益的行为模式、意识理念和价值取向即为人们所共同理解的企业家精神。企业家精神的存在使得社会产品丰富多样，很多人的生活条件得以改善，企业家精神不但能够推动社会创业意识的形成，而且可以激发社会的创新活力，培育开放有序的市场经济环境，引领良好社会风尚，推动整个社会的和谐进步。

不同时代、不同政治经济社会环境对企业家精神的本质要求是不一样的，社会主义市场经济环境下企业家精神的实质包含以下品质：企业家要拥有家国情怀，弘扬爱国敬业、遵纪守法、艰苦奋斗的精神；企业家要培育不竭的发展动力，弘扬创新发展、专注品质、追求卓越的精神；企业家要有强烈的责任担当，弘扬履行责任、敢于担当、服务社会的精神。具体包含以下内容：

（1）基于智慧的政治把握能力

全国政协原主席俞正声同志在全国政协常委会工作报告中指出要将提高政治把握能力摆在首位。这就要求民营经济人士要把握政治形势，提高政治智慧和政治修养，坚定政治信念，明辨政治是非，增强政治认同感。民营经济人士要着眼于现代化建设、民族复兴的国情，确立坚定执着的社会主义理想信念，坚持正确的政治方向，坚定政治立场，提高政治觉悟和政治把握能力。

民营经济人士是在坚持和完善我国基本经济制度中涌现和成长起来的，民营经济人士要树立荣辱与共的意识，在加强解决自身问题能力的同时，深入调查研究，积极建言献策，自觉践行社会主义核心价值观，做爱国敬业、守法经营、创业创新、回报社会的典范。年轻一代民营经济人士很多有海外学习背景，容易受到不同价值观念的冲击影响，要特别加强对他们的教育培养，引导他们继承发扬老一代企业家的创业精神和爱国敬业的光荣传统。

（2）基于动力的社会责任感

企业家都是有着强烈责任感的人，社会责任感是企业家的崇高境界。什么是企业家的社会责任？一般认为，企业家社会责任就是在创造利润对股东利益负责的同时，还要承担对家庭、对员工、对消费者、对环境和对社会发展进步的责任。企业家都是有着宏大目标并且为了实现它而不懈追求的优秀人士，目标是一种巨大的精神动力，要准确达到预期目标，实现自己的理想和成就事业，必须通过合法的、具备社会责任的手段达成，因此而形成对所履行职责的自我意识和社会责任感。

正是对事业目标追求的无限责任，成为企业家的不竭动力。社会责任是社会群体赋予个人的某些职责，社会责任造就个人意识并形成个人压力。企业家就是在压力面前不退缩，善于把压力变为动力的一群人，他们把压力和责任作为适应和改变生存环境的动力，无比敬业而享受工作中创造的乐趣。

诚信经营是企业家的责任，也是企业家应具备的基本精神素质，诚信是企业家的立身之本。诚信是商业活动的社会伦理底线，企业家在发展事业的所有原则中，诚信是绝对不能摒弃的原则。市场经济是法制经济，更是信用经济、诚信经济，没有诚信的商业社会，将充满极大的道德风险。诚信是市场经济的基本信条，只有诚信守法、注重声誉的企业，才能在激烈的市场竞争中获得最大的利益。那些践踏法律红线和道德底线的"企业家"迅速垮台，问题就出在缺乏诚信守法的企业家精神上，从而既败坏了民营企业的声誉，也给自己的企业带来了灭顶之灾。守法诚信经营，这是任何企业都必须遵守的一个大原则。

（3）基于本能的创新精神

创新是企业家精神的灵魂。企业家的创新精神就是指克服因循守旧的心理，在思维方向上标新立异，在旧事物的基础上重新架构和产生独特新颖的新成果的活动。创新是成为企业家的本能行为，生产流程创新、产品研发创新、市场营销创新、管理机制创新等各种技术模式平台创新都是企业家艰苦探索的结果。创新是企业家活动的典型特征，他们敢为人先，具备超常规思维或反常规思维，敢于第一个跳出来"吃螃蟹"，勇于承担创新的风险和失败，艰苦创业，坚持不懈，最终取得成功。

创新是企业持续发展的根本。创新的过程也就是企业不断出奇制胜和发展的过程，创新精神的实质是"做不同的事，而不是将已经做过的事做得更好一些"，就是以别人未想到的新思路、新点子、新策略、新方法谋求企业发展，就是以非常规的方式配置企业的有效资源，就是基于对时机的准确把握和精准执行力快速找到稍纵即逝的机会，通过智慧的研判形成企业决策，达成企业创新目标。任何企业，不论其在行业中地位如何，都需要不断创新、变革，才能使企业在市场竞争中立于不败之地，这也是许多著名企业成功的关键因素。

（二）制约企业家精神发挥作用的因素

企业家精神已成为创造社会财富的第四要素，即除土地、资本、劳动力之外的"企业家才能"要素，它们分别对应地租、利息、工资、利润四大报酬。企业家是经济发展中的一种特殊人才资源，中国经济的快速发展离不开企业家群体的崛起，企业家理应是伟大的，但现实社会中诸多因素导致企业家精神缺失，影响企业家精神发挥作用。一些企业家不注意维护自身社会形象，在创造高品质产品和服务方面的动力远远赶不上"挣快钱"的急切渴望；一些企业家缺乏自我约束，诸如违法失信、投机取巧、假冒伪劣、拖欠工资以及官商勾结等现象导致社会对这个群体存在一定负面看法。制约企业家精神发挥作用的因素如下：

（1）法制环境公正程度制约企业家精神发挥作用

法律制度及对产权的保护力度对企业家精神发挥作用起到至关重要的影响。良好的法制环境可以很好地保障企业家创新创业的财产权和知识产权，恶劣的法制环境则会抑制企业家创新创业的积极性，甚至还会诱导企业家从创新创业等生产活动转向寻租，把大量精力放在非生产性寻租活动中，去寻找靠山疏通关系、企业财务数据造假、欺诈上市圈钱及大肆挪用资金等，破坏营商的法制底线。法制环境直接或间接影响着投资者投资权益，也影响着企业的决策和生产经营。在公正公开的法制环境下，企业经营遇到困难和问题时会通过法律途径解决，而不是光靠找政府，更不会试图通过违法手段来解决矛盾。民营经济企业发展中遇到政府工作人员故意刁难、吃拿卡要或不作为，可以向有关部门举报，运用法律武器维护自身合法权益。

不公正执法是对企业家精神发挥作用的最大损害，严重影响着企业家精神作用的发挥。要健全以公正为核心原则的法律制度，加强对各种所有制经济组织和自然人的财产权和合法权益的保护，坚持权利平等、机会平等、规则平等原则。民营经济发展要守住法律底线，要把守法经营作为安身立命之本，依法经营、依法治企、依法维权，杜绝偷税漏税、走私贩私、制假贩假等违法行为。

（2）市场经济规则的公平性影响企业家精神发挥作用

市场经济规则的完善与否对企业家精神发挥起到促进和抑制作用。一些地方为自身利益人为制造障碍，搞潜规则、暗箱操作、利益输送，这不仅是对市场公平竞争规则的严重破坏，也会束缚企业家精神发挥作用。这需要不断完善市场经济环境，净化市场经济生态，理顺市场经济秩序，还市场经济公平竞争的本来面目，把被破坏了的市场公平竞争规则扭转回来。

良好的市场秩序依赖市场规则来维护。市场规则是市场经济正常运行的保障，没有市场规则的维护，会使市场处于无序、混乱状态，使得市场机制无法实现资源的合理配置，无法实现优胜劣汰，甚至可能出现劣胜优汰，进而滋生消极腐败，腐蚀社会风气，败坏我国产品在国际市场上的声誉，如震惊中外的"三聚氰胺毒奶粉"事件就给国家产业信誉造成极大损害。

要通过制定市场准入规则、市场竞争规则和市场交易规则等，对市场运行的方方面面做出具体的规定，建立和完善信用监督和失信惩戒制度，运用经济的、法律的和必要的行政手段，严厉打击破坏市场规则的行为，加强对市场秩序的规范和管理。企业家绝不能靠破坏市场公平规则，靠商业贿赂、欺诈欺骗和"山寨"产品来发展企业，这是很危险的投机行为，是不可能长远的。

（3）政商关系互动效应影响企业家精神发挥作用

政商关系不清不白极大制约企业家精神发挥作用，特别是官员的腐败行为会导致企业家创业创新成本倍增，从而严重阻碍企业发展壮大。为了推动经济社会发展，政商之间正常交往是必须的，这种交往应该是君子之交，政商交往要相敬如宾，而不是勾肩搭背，不能搞成封建官僚和"红顶商人"之间的那种寻租型关系，也不能搞成西方社会大财团和政界之间的那种合谋型寡头政治的游戏，更不能通过利益输送或要挟以实现特殊利益。

新型政商关系应是建立在"亲""清"基础上的良性互动关系。所谓"亲"，对领导干部而言，就是要坦荡真诚同民营经济人士接触交往，特别是在企业遇到困难和问题的情况下更要积极作为、靠前服务。所谓"清"，就是同民营经济人士的关系要清白、纯洁，不能有贪心私心，不能以权谋私，不能搞权钱交易。对民营经济人士而言，所谓"亲"，就是积极主动同各级党委和政府及部门多沟通多交流，讲真话、说实情、建诤言，增进政府对企业的了解和信任。所谓"清"，就是要洁身自好、走正道，做到遵纪守法办企业、光明正大搞经营，使政府与企业之间相互理解、相互信任、相互支持、相互促进，逐渐形成企业与政府之间的良性互动关系。

（三）促进民营经济人士弘扬企业家精神的实践路径

工商联是具有统战性、经济性、民间性有机统一基本特征的人民团体和商会组织，是党和政府联系民营经济人士的桥梁和纽带，是政府管理民营经济的助手，在做好民营经济人士工作方面具有独特优势和作用。工商联的重要职责是引导民营经济人士爱国、敬业、创新、诚信、守法、贡献，做合格的中国特色社会主义事业建设者。要充分发挥工商联在民营经济人士思想政治工作中的引导作用，建立促进民营经济人士弘扬企业家精神的实现路径。

（1）筑牢理想信念

鼓励、支持广大民营经济人士参加调查研究、参观考察、现场教学等实践活动；组织民营经济人士参加科技、教育、卫生"三下乡"的志愿者活动和其他公益活动、义务劳动；鼓励民营经济人士积极投身光彩事业和公益慈善事业，致富思源，义利兼顾，自觉履行社会责任。不断提高民营经济人士的思想觉悟和认识、分析问题的能力，丰富民营经济人士的思想感受和情感愉悦，使其在活动中受到最直接的教育和熏陶，从而增强对社会主义核心价值观的认同，强化社会主义理想信念和奉献精神，树立正确的世界观、人生观和价值观。

（2）加强队伍建设

加强民营经济代表人士队伍建设是做好民营经济人士工作的基础性工作，要有计划、分批次，逐步建立一支素质优良、结构合理、数量充足、充满活力的代表人士队伍，规范进行政治安排和社会安排。进一步探索研究民营经济代表人士成长规律，完善综合评价体系，形成民营经济人士选拔、考核、培养、推荐的工作机制，加强分层次教育培训和指导，促进民营经济人士综合素质的提高。注意在人大代表、政协委员以及工商联等组织中都要有一定数量的民营经济代表人士，提高民营经济代表人士的政治地位，为其提供更多参政议政的机会，畅通有序政治参与的渠道，让民营经济代表人士在政治上有地位、在社会上有影响、在荣誉上有体现，培养、造就一支能够坚持党的基本路线，拥护党的领导，业绩突出，群众认可的民营经济代表人士队伍。

（3）激发"双创"干劲

创造有利于发展民营经济的社会氛围，做好与民营经济人士的沟通工作，帮助民营经济代表人士加强与社会的广泛联系，消除误解，化解矛盾。尤其是通过宣传为地方经济发展和社会公益事业做出突出成绩的代表人物先进事迹，扩大民营经济代表人士的社会影响，塑造民营经济代表人士的新形象。既要鼓励民营经济人士敞开心扉、回眸成长，畅谈这些年来实现成功和发展梦想的经验和体会，又要引导他们解放思想、敢于突破、勇于创新；既要鼓励他们抓住机遇，融入"双创"大业，进一步把企业做大做强，又要教育引导他们处理好个人与社会的关系，更加自觉地担负起社会责任，为实现民族复兴的共同梦想贡献力量。

（4）发挥传帮带作用

通过"选典型、树典型、学典型、颂典型"，举办先进事迹报告会和巡回报告会等形式，发挥榜样的示范带动作用，引领民营经济人士自觉学典型、争先进、做榜样，形成弘扬正能量的强大声势。把思想政治工作作为贯穿民营经济统战工作始终的生命线。持续深入地开展民营经济人士理想信念教育，围绕"不忘创业初心、接力改革伟业"主题，不断增强民营经济人士对中国特色社会主义的信念、对党和政府的信任、对企业发展的信心、对社会的信誉。高举爱国主义、社会主义旗帜，加大政治引领和思想引导力度，不断筑牢共同思想政治基础。坚持"信任、团结、服务、引导、教育"的工作方针，一手抓服务支持，一手抓引导教育，引导民营经济人士与我们党思想上同心同德、目标上同心同向、行动上同心同行。以年轻一代民营经济人士为着力点，加大年轻一代企业家的培养力度，发挥老一代民营企业家的传帮带作用，引导年轻一代继承听党话、跟党走的优良传统，努力实现事业新老交接和有序传承，鼓励、支持、激发、调动民营经济人士为国家、为社会多做贡献。

（5）开展法制宣传

大力开展法制宣传教育，深入开展以"守法诚信、坚定信心"为重点的教育实践活动，教育引导民营经济人士坚持依法经营、依法治企、公平竞争，树立良好的社会信誉和企业形象。民营经济人士的内部构成多样，素质参差不齐，在少数人中还存在着某些缺点、错误甚至严重的不法行为，需要通过法制宣传教育活动促使民营经济人士严格依法规范企业行为，在市场竞争中做合法、守法经营的带头人，以实际行动推动依法治国，为创建法治、平等、规范的经济社会环境做出贡献。

（6）加强政企沟通

通过各级党委和政府主要领导与民营企业和行业协会商会代表座谈了解情况，聚焦企业发展面临的普遍性问题，提出解决办法，严格督办并及时反馈效果。加强对民营经济人士的联系服务，建立党政领导干部联系商会制度，规范沟通协商内容，畅通向党委和政府反映情况、提出建议的渠道。构建党委政府重视、多部门共同参与、商协会具体落实的新时代民营经济人士弘扬企业家精神工作协调推进新格局。领导干部要与民营经济人士联谊交友，采取面谈、电话交流、文字沟通等方式，及时掌握民营经济人士的思想状况，引导民营经济人士弘扬新时代企业家精神，承担起新时代民营经济人士的历史重任。

（7）营造舆论氛围

营造良好营商环境，着力解决"三门三山"问题，屏蔽"卷帘门""玻璃门""旋转门"的限制性或隐性门槛，推动民营经济践行新发展理念，鼓励民营经济参与混合所有制改革，努力翻越三座大山，即转型的火山、融资的高山、市场的冰山。加强融媒体信息传播工作，加强优秀民营企业家宣传力度，扩大民营企业家的社会知名度，塑造新时代民营企业家积极正面的新形象，大力推介积极向上、诚实劳动、合法经营的民营企业家典型风范，营造"像尊重科学家一样尊重企业家"的良好社会氛围。

广大民营经济人士要准确把握我国经济发展大势，提升自身综合素质，弘扬企业家精神，发挥企业家才能，完善企业经营管理制度，增强企业内在活力和创造力，推动企业不断取得更新更好发展。在统战部和工商联的引导下，建立民营经济人士弘扬企业家精神的工作机制，不断培育壮大民营经济代表人士队伍，提升其积极正面的社会影响力，使民营经济人士成为"双创"大业的领行者、扶贫攻坚的参与者、依法治国的实践者和勇于担当的中国特色社会主义事业建设者。

四、大力推动新时代民营经济创新发展

为强化国家战略科技力量，实现关键技术和新领域自主可控，贯彻落实新发展理念，实施了一系列新举措促进民营经济创新发展工作。党委政府各部门以强化创新人才培养、提供智力支持为重点，组织动员各党派团体、各类企业、社会组织及高校院所积极投身服务民营经济创新发展，围绕创新发展找准工作抓手，搭建工作平台，创建服务载体，完善工作机制，推动成果转化，不断提升创新发展工作效能。

高校科研院所是孕育创新发展的母体，企业是创新发展的市场主体。当前民营经济领域创新人才呈现"两多一高"的特点。一是党外知识分子多。目前创新人才中党外知识分子所占比重高，思维活跃，热情高涨，价值多元，但创新活力、实力与动力有待提升。二是年轻的创新创业者居多。目前从事创新的领军人物及团队多是近年来毕业的院校毕业生，其中"80后""90后"占绝大多数，创新的技术积淀和经验有待总结深化。三是创新人才学历普遍较高。创新创业者们大多接受过大学以上教育，许多还有海外留学或工作经历，专业知识广博，科研攻关能力强，处于创新创业热情高涨期，希望得到党委、政府的关注和政策支持的要求强烈。民营创新型企业人才占比持续增长，高端人才不断集聚。做好创新人才工作是党委政府各部门工作的重要内容，党委政府各部门应及时跟进、及早参与、及早介入，积极发现、关注、培养党外科技创新精英，充分发挥科技人才在科技创新和成果转化中的积极作用，用好用活地方政府、企业及高校科研院所创建的各类产学研用对接平台，为加快国家创新驱动发展贡献智慧力量。

（一）推动新时代民营经济创新发展的重要意义

（1）民营经济创新发展是深入贯彻新发展理念的必然要求

民营经济创新发展事关新发展理念的贯彻落实。按照民营经济创新发展的最新部署，强化对民营经济创新发展重要性的认识，为推动我国由科技大国向科技强国迈进搭建工作平台，提供服务载体，完善工作机制，加大创新人才队伍建设，注重思政引导，围绕新发展阶段，融入新发展格局，贯彻新发展理念，促进民营经济健康发展、高质量发展。

（2）民营经济创新发展是提升民营经济创新力的重要途径

大、中城市创新创业群体迅猛发展的同时，县域经济与乡村振兴战略中涌现的创新发展主体也成为不可忽视的重要方面，他们在促进地方经济发展上彰显出强大实力。促进各类创新要素集中集聚，完善创新市场导向机制，引导市场创新主体破解"卡脖子"技术难关，成为党委政府部门助力创新的新探索和党委政府工作新的着力点，也是新形势下提升民营经济创新力的重要途径。

（3）民营经济创新发展是引导创新人才健康成长的客观需要

随着我国经济结构、社会组织形式、利益格局的深刻变化，创新人才思想观念、价值取向多元多样。科技创新人才响应国家号召积极投身创新创业，这是他们个人价值追求和社会责任感的集中表现。在创新创业大潮中不可避免出现各类问题，需要从思想政治方面加强对创新人才的支持、引导、培养及权益维护，引导创新人才聚焦工匠精神，矢志不移致力于创新研发，勇于担当社会责任，营造良好社会创新氛围。

（二）促进新时代民营经济创新发展的活动方式

（1）组织创新培训实训活动

由党委政府部门邀请相关专业人士举办大讲堂，讲解产业信息、金融支持、财会核算、知识产权、税务优惠以及民营经济发展的政策。组织创新人才认真学习了解党和国家的理论、方针、法律、法规，以及创新发展的相关政策知识，增强民营经济人士的政治意识、法律意识和维权意识。举办经营管理培训班，开展先进管理经验和经营方式的培训，通过学习了解现代企业经营管理知识，为他们在市场经济形势下开创新思路、拓展新视野、形成新思维、找出新对策打下良好基础。发挥创新型企业家的主体作用，结合企业家创业发展、个人成长经历，忆成长、话梦想、讲贡献，有效推动创新人才强化自我认识、自我激励、自我约束，消除创新人才顾虑，不断提高创新人才的觉悟、境界与水平。

（2）组织建言献策活动

党委政府定期组织创新人才建言献策会，通报经济社会发展情况的同时，听取有利于促进创新发展的意见建议。组织民主党派、工商联围绕创新发展开展有针对性的调查研究，形成高质量调研成果供相关部门采用，以完善创新发展的市场环境和政策环境。整合侨联、欧美同学会、中华职教社、知联会、海联会、新联会资源，依托民主党派、新的社会阶层和民营经济人士中的党外知识分子，集中专精人才开展重点科研创新攻关。建立党委政府部门服务民营经济创新发展联系点，开展政、企、校对话合作，加强信息沟通协作。聘请相关领域专家担任科技顾问或经济顾问，参与科技创新专项规划评议，在关键节点突破产业瓶颈，促进产业结构调整和转型发展。

（3）搞好联谊交友活动

在促进民营经济创新发展工作中，要发挥党支部、工会、共青团、妇联等党群组织的广泛联系作用，扩大基层工作的群众性基础，拓展延伸组织覆盖、工作覆盖和活动覆盖，主动融入创新发展群体，开展凝心聚力工作。在创新发展园区（基地）统筹组建党支部、团支部、工会和妇联的工作联系点，协调工作关系，搞好联谊交友，吸纳创新人才加入群团基层组织，引导创新发展人才紧密团结在党的周围。

（三）促进新时代民营经济创新发展的工作平台

找准民营经济创新发展的工作抓手，建立民营经济创新发展的工作平台。统筹协调各方面的作用与优势，把高校科研院所的创新人才与创新企业紧密结合起来。

（1）打造民营经济创新发展示范平台

打造民营经济创新发展示范点，形成民营经济创新发展的响亮品牌。建设党外知识分子创新发展园区和基地，为创新人才发展提供众创空间。组建高校创新发展联盟，聘请企业家和专家进行创新发展路演，强化企业创新的主体地位，培养创新创业精神，提高全社会创新创业能力。发挥商会组织作用，积极争取政策支持，协调投融资扶持，参与协调专题招商推介活动，为引进高端科技项目搭建服务平台，加强产业与资本对接合作，加强工业企业与高校、科研院所合作的比重。制定新的社会阶层人士、留学归国人员、民营企业人才创新发展激励措施，落实科技人才技术成果获发明专利知识产权评价保护机制，凝聚海内外高层次人才，参与全省重大创新工程和战略性产业。

（2）推动民营企业与高校结对共建平台

筹建产业商会联席会议，强化企业科研技改项目与高校专业人才对接，形成"企业+高校"的订单合作模式。跟踪服务一批创新发展科技型中小微企业，有条件地遴选培养成长性科技企业，支持行业协会和龙头企业发起组建产业技术创新联盟，引导民营企业积极参与国家重大科技专项攻关，推动形成更多自主创新的核心技术。由高校学科带头人牵头，与企业共建工程技术研发中心，帮助企业提档升级、做优做强。强化高校教育培训与企业人才需求对接，加强校企人才互动培训，选派企业科研技术人员到高校进修，安排高校优秀青年教师和研究生到企业实习实训。定期开展"大学生创业就业面对面"活动，定期开展"优秀企业家进高校讲学"活动，支持企业与高校联合举办短期公益创新发展培训，举办创新发展路演活动、创业论坛、创业沙龙和创业展览，支持大学生创新发展大赛活动，为大学生、研究生参加社会实践活动提供交流合作和资源对接平台。

（3）推动建立校地合作开发平台

探索建立党委政府主要领导与高校领导定期联系走访机制、部委局与高校院系定向合作机制。持续开展服务民营经济创新发展活动，持续实施综合评价和动态管理，推动创新发展工作良性健康发展。大力推动校地达成合作关系，签订合作协议。支持校地共建研发技术中心以及院士（专家）工作站，合作建设高水平研发机构，打通高校院所科技成果转化通道，促进创新发展和经济转型升级。加强高新技术产业化、网络化、数字化平台建设，形成有利于技术、资金、人才要素流动的运行机制，促进校地科研项目合作开发，支持地方企业参股重点科研项目，加大研发投入、人才合作培养、科研成果产业化合作。选派地方干部到高校挂职锻炼，同时选派高校创新型优秀人才到政府部门挂职进行双向培养。

（4）探索建立助力乡村振兴战略下创新创业的链接平台

探索建立民主党派、工商联参与乡村振兴的链接平台，引导农业科技人才及农业领域龙头民企参与乡村振兴。出台相关扶持政策鼓励党外科技人才勇于奉献，把爱国之心、思乡之情、敬业之意融入乡村振兴战略的报国之行、创业之举。通过民营职业教育机构加大农民技能的培训力度，以科技强农、产业助农。引导创新创业人才主动把自身发展与乡村振兴结合起来，把个人价值实现与农民奔康致富结合起来，以科技助农支持农村特色产业发展，推动乡村产业兴旺。

（四）构建新时代民营经济创新发展的工作机制

各级干部要高度重视创新发展工作，贯彻落实促进民营经济创新发展的决策部署，主动参与创新创业发展的相关活动。完善民营经济创新发展工作机制，确定部分创新人才作为重点联系对象，明确相关领导与之进行对口联系，采取面谈、电话交流、文字沟通等方式，及时掌握创新人才的思想状况，科学配置服务机构，优化创新创业环境，激发科技人才的创新热情。

（1）建立民营经济创新发展的协调联动机制

由地方党委政府牵头，相关成员单位参加，明确分工，形成合力，协同推进新时代民营经济创新发展，做好军民深度融合发展项目对接服务工作。稳妥推动混合所有制改革，着力解决民营企业参与混合所有制改革中动力不足、平等保护知识产权、运行机制及退出机制不健全方面的担忧。通过国有企业和民营企业相互参股、融合发展，形成股份上混合、技术上整合、产业分工上配合，打造现代经济的产业链，不仅国有企业获益，民营企业也可以获得新的发展空间，迈上新的发展台阶，提高抵御市场风险能力，在参与全球竞争中焕发新的活力。

（2）完善民营经济创新发展的人才培养机制

通过党外知识分子联谊会、新社会阶层人士联谊会及欧美同学会集聚一批党外科技专家和民营企业家，建立创新人才库，推荐入库专家或企业家担任经济部门和企业兼职顾问。

以四川省为例，四川省开展实施的"六大汇智聚力行动"服务全面创新改革"一号工程"，通过英才培养工程将双向培养创新型党外干部人才，引进培养高层次创新人才，遴选一批创新型企业家人才，加大力度激励培养双创人才。针对创新人才引进的子女就学、配偶就业、落户购房等方面提供相应支持配套政策，以推动创新人才安家立业。

（3）改进民营经济创新发展的宣传引导机制

在政府部门门户网站开设专栏，在相关报纸期刊刊发专题文章和报道，大力宣传创新人才典型，提炼民营企业中"创新创业"的模范实践案例，总结推广服务民营经济创新发展的工作经验，并把它们运用到各系统教育培训工作中。评选表彰一批创新发展优秀人才并给予奖励，鼓励广大科技人才积极参与创新发展，增强社会对创新发展典型人物自主创业、创新发展、回报社会的光荣事迹的了解。通过举办创新人才先进事迹报告会、巡回报告会等形式，"选典型、树典型、学典型、颂典型"，发挥科技创新发展榜样力量的示范带动作用，引领社会各界自觉学典型、争先进、做榜样，形成勇于创新、乐于创业的良好社会氛围。对创新人才做好培养工作，在政治安排、政策扶持、税费优惠等方面给予支持，从而形成对创新人才全方位、强有力、卓有成效的支持培养机制，促进创新人才健康成长。

（4）构建民营经济创新发展的智库助力机制

建立协同创新研究智库，为推动全面创新改革提供智力支持。组织集中一批学术造诣深、创新能力强、经验丰富的各行业专家，针对民营经济发展开展课题研究攻关，定期进行研讨交流，为推动创新发展提供智力支持。组织各领域有影响力的专家开展调查研究，深入经济发展第一线，帮助民营企业解决具体问题，协助完善科技型企业培育机制。定期召开创新发展情况通报会，让创新人才了解工作推进状况。组织人大代表、政协委员考察创新发展重大项目，发挥人大代表、政协委员的民主监督作用，监督各级各部门落实创新发展相关政策的执行情况。

第五章 民营经济健康发展——以四川省为例

一、四川民营经济发展状况

（一）四川民营经济现阶段总体特征

（1）民营经济总量持续增长，成为四川经济发展主动力

在经济下行压力加大、多重困难叠加、多重风险交织的情况下，四川民营经济运行稳中向好。①从经济增加值看，2021 年全省实现民营经济增加值 29 375.1 亿元，比上年增长 8.0%，民营经济增加值占全省 GDP 的 54.5%，比上年降低 0.1 个百分点，民营经济依然撑起了四川省经济的"半壁江山"。②从税收贡献看，截至 2021 年 12 月末，全省民营经济缴税（含海关代征收入）4 251.4 亿元，同比增长 9.2%，占全省税收总额的 65.5%，同比下降 1.2 个百分点。③从投融资看，2021 年全省民营经济贷款余额 15 374.9 亿元，同比增长 4.1%。全省民营企业进出口额 2 676.6 亿元，同比增长 44.8%，高于全省进出口整体增速 27.1 个百分点。民营企业进出口占比实现快速提升，民营企业进出口额占全省的 28.1%。

（2）民营市场主体活力不断增强，日益成为四川经济建设的主力军

近年来，四川民营企业户数稳步增加，注册资本大幅增长，民间投资逐步企稳回升，民营经济实力和活力进一步增强。截至 2021 年 12 月末，全省共有民营上市企业 96 家，占所有上市企业总数的 61.5%，年度新增民营上市企业 18 家。民营企业通过资本市场直接融资 482.6 亿元，较上年增长 9.7%，民营经济对四川经济发展有突出贡献。截至 2021 年 12 月末，

全省实有民营经济市场主体751.6万户，同比增长11.0%，占市场主体总量的97.4%，其中私营企业实有数量达到192.0万户，同比增长18.9%。实有民营纳税登记户340.8万户，同比增长11.5%，民营纳税登记户数量占民营市场主体数量的45.3%，同比提高0.2个百分点。全省民营市场主体实有数量连续2年保持2位数增速，但私营企业与个体工商户表现出现分化。私营企业数量增速连续3年走高，2021年新设注销比达3.1∶1；而个体工商户数量增速下滑，导致民营市场主体整体增速下降，2021年个体工商户新设数量出现负增长，新设注销比为1.8∶1，净增新设比为0.5∶1。

（3）民营经济结构逐步调整，日益成为推动四川经济转型的生力军

从产业结构来看，近年来四川民营经济中以现代服务业为代表的第三产业发展迅猛，第二产业正经历传统产业转型和先进制造业成长的并行过程。2021年第一产业民间投资增速显著高于全国水平，但第二产业的发展势头及动能相对较弱。第二产业民营经济增加值增速（5.9%）低于四川及全国整体水平；第二产业民间投资增速（9.6%）低于四川整体（9.9%）及全国民间投资水平（11.3%）。第二产业增速乏力主要受到建筑业影响，民营建筑业增加值增速3年来持续走低，仅为0.8%。

从创新能力来看，全省认定的2 707家高新技术企业，其中民营企业占96%；111家省级以上技术创新联盟，民营企业占65%；168家省级以上工程技术研究中心，以民营企业为依托的占64%；在《创业家》杂志发布的《2018年中国独角兽100强全名单》中，四川入选的2家民营创业企业被评为最有可能快速登陆A股的100强公司；信息传输、软件和信息技术服务业以及科学研究和技术服务业的私营企业雇工总数达到114.72万人，占全部私营企业雇工人数的15%，反映出民营科技创新企业集聚的人力资本越来越多，民营企业成为四川科技创新及成果转化的重要力量，民营企业研发设计、生产加工、经营管理、销售服务等业务数字化转型表现亮眼。

（4）民营经济积极吸纳就业，日益成为维护四川和谐稳定的压舱石

从促进就业来看，2021年四川民营经济城镇就业登记人数为1 643万人，同比增长4.5%，占全省城镇就业登记总数的82.1%，比上年同期增加0.18个百分点。2021年1—12月，全省民营经济吸纳城镇新增就业93.4万人，同比增长6.3%，占全省城镇新增就业的88.9%，比上年同期下降2.41个百分点。民营经济已成为四川城镇就业的主渠道，为改善民

生、维护社会和谐稳定做出了主要贡献①。

（二）四川民营经济发展中存在的主要问题

（1）从发展态势来看，四川民营经济正处于发展瓶颈期，发展势头减弱

从总量增速看，四川民营经济后半程增长乏力。2021 年，全省民营经济增加值增速在一季度高于全省 GDP 增速 2.3 个百分点，之后被全省 GDP 增速逐渐追赶，全年数据被反超 0.2 个百分点。从近 2 年的平均增速来看，全省民营经济增加值增速与全省 GDP 差距在半年度缩小后，又逐步扩大至 0.6 个百分点。对比浙江的预报数据（民营经济增加值 7.3 万亿元，增速约为 9.0%），四川民营经济总量不高、增速仍有提升空间。此外，四川民营经济对经济增长的贡献率持续走低，从一季度的 62.2% 逐季降低至年度的 52.2%，低于 2019 年的水平（57.7%）。

（2）从产业结构来看，四川民营经济不大不强不优不平衡的总体特征仍然显著

四川民营企业数量占比排名前 5 的行业分别为批发和零售业（32.8%）、租赁和商务服务业（13.9%）、农林牧渔业（10.3%）、建筑业（9.2%）以及信息传输、软件和信息技术服务业（9.1%）。但四川区位熵较高的产业大多不是纳税优势产业，而属于纳税大户的产业在四川集聚度不高，如制造业、金融业税收增速低于全省民营经济整体税收增速，说明四川产业结构布局有待进一步优化。主要有以下几个问题：

①四川民营市场主体总量不足、规模不大，这明显与四川经济大省的位势不相匹配。民营市场主体中规模以上企业数量相对较少，76.6% 的民营市场主体是个体工商户，个私比为 3.31。

②民营企业在同行业市场占有率偏低，缺少高竞争力、高成长性的领军企业。2021 年，四川共有 8 家民营企业上榜"中国民营企业 500 强"，较上年减少 4 家，除新希望集团保持排名不变外，其他 7 家均出现排名下滑，且营收增速不及 500 强总体营收增速，并有 2 家出现负增长。"2021

---

① 四川省人民政府. 2021 年四川民营经济发展情况［EB/OL］.（2022-02-09）［2022-12-01］. https://www.sc.gov.cn/10462/c102950/2022/2/9/ea216280407c4413b5c44b510017d236.shtml.

胡润中国 500 强"中，四川共上榜 7 家，新晋 3 家、掉榜 7 家①。这反映出四川领军民企转型升级的步子相对较小，导致其增长较慢。从领军企业发展后劲来看，近年来，中国民营企业 500 强前十大行业呈现出由传统产业向新兴产业调整的趋势，但四川民企在新兴行业上并没有出现突破，入围行业仍然集中在重化工、重资产行业。相比湖北，以盛天网络、斗鱼、宁美国度、卷皮网为代表的本土互联网企业快速崛起，以良品铺子、安琪酵母、屈姑集团、京天华盛、攀升兄弟为代表的电商企业跃升为国内行业龙头，斗鱼、卷皮网、斑马快跑已成为"独角兽"企业，四川的民企在新技术、新产业、新业态上已相对落后。

③四川民营经济结构亟待进一步优化。从三次产业结构来看，四川民营经济仍以第二产业为主，第三产业集中于低端的生活服务业；从行业分布来看，主要集中在餐饮、建筑、机械加工、建材、装修、农产品加工等传统产业，技术门槛和附加值都不高。对比湖北省，其电子信息产业主营收入已连续多年保持 20% 以上的增幅。

④四川民营经济区域发展不平衡，成都平原经济区协同发展成效明显。成都平原经济区 2021 年经济总量突破 3 万亿元，达 32 927.8 亿元，对全省经济增长的贡献率达到 63.2%②，成都平原经济区民营企业在总量和密度上均大幅领跑川南经济区、川东北经济区、攀西经济区、川西北生态示范区四个经济区。

⑤四川民营企业缺乏核心竞争力，抗市场风险能力较弱，普遍存在人才匮乏、技术创新能力弱的问题。部分民营企业片面追求短期目标，缺乏创新动力，抗国际市场风险能力较弱，民营企业抗风险能力明显弱于四川其他性质的企业。

（3）从发展环境来看，四川民营经济营商环境亟须进一步优化

党的十八大以来，四川省委坚决贯彻中央全面从严治党部署，全省良好政治生态总体形成，营商环境逐步改善，为民营经济健康发展提供了有利环境。据 21 世纪经济研究院发布的《2016 年投资环境指数报告》，四川

---

① 四川省人民政府. 2021 年四川民营经济发展情况政府信息公开［EB/OL］.（2022-02-09）. https://www.sc.gov.cn/10462/c102950/2022/2/9/ea216280407c4413b5c44b510017d236. shtml.

② 四川省人民政府. 2021 年四川省国民经济和社会发展统计公报［EB/OL］.（2022-03-14）［2022 - 12 - 01］. https://www. sc. gov. cn/10462/c108715/2022/3/14/ 099b4e5265174012853dea414ac9fdf5. shtml.

投资环境指数排名居全国第 9 位。但涉及民营企业发展的政策环境、政务环境、法治环境、市场环境、社会环境仍亟待优化。据中国人民大学国家发展与战略研究院发布的《中国城市政商关系排行榜（2017）》，四川政商关系健康指数列全国第 19 位，其中政商亲近指数列全国第 23 位、政商清白指数列全国第 20 位；在报告评价的全国 285 个城市中，除成都市政商关系健康指数列全国第 12 位外，省内其他城市排名相对靠后，反映出四川各级党委政府在对企业的关心服务、政策及政务透明度、政府清廉程度、企业税费负担等方面还有较大改善空间。同时，课题组对四川民营企业家的问卷调查结果也提供了佐证。在公平竞争上，70% 以上的民营企业家认为权益保护不平等，35% 以上认为在市场准入上被差别对待；在行政效率上，50% 以上认为审批手续繁多、程序复杂，40% 以上认为有关部门怕担责任、不愿作为，有 21.29% 的受访者反馈遭遇过"新官不理旧账"的情况；在政策透明上，有 45.37% 的受访者反馈曾因政府负面清单或政策不清晰、不完备而受到处罚；在政策传导上，只有 5.56% 的受访者对政府相关补贴支持政策"非常清楚"，而回复"一知半解"和"不知道"的占 55.55%。这表明有关部门主动作为、服务民营经济的成效有待提高，政策的传导和落实还应加强，党政干部履职水平和行政能力需要提升。

（4）从发展条件来看，企业经营成本仍然偏高、企业负担依然较重

2018 年四川出台推动民营经济健康发展的 6 个方面 20 条政策举措，扎实推动降本减负各项重点工作落实，企业"降本增效"工作取得初步成效。但四川企业经营的各项成本仍然偏高，总体负担较大。

①制度成本偏高。行政事业性收费及办理各类手续产生的隐形费用给企业造成很大负担，其中包括教育费附加费、水资源费、社会保险费等多达 30 余种，涉及 50 余个部门，大量资金都沉淀到政府账户，没有发挥资金的使用效率效益。

②融资成本偏高。民营企业在融资时普遍遭遇身份歧视。金融机构对民营企业抽贷断贷的范围和规模持续加大，大量资金转而流入国有企业和地方政府投资平台，使民营企业融资"雪上加霜"。金融机构对民营企业惜贷慎贷比较普遍，四川民营企业贷款利率普遍高于全国平均水平，并且贷款需求满足率仅为 30%～40%，调查中有 57.8% 的受访民营企业家反映银行融资在企业总融资中所占比例不足 10%。由于银行只开放了短期信贷业务，民营企业获得贷款的难度不断加大，大量的时间和精力消耗在办理

贷款手续上，并存在"短贷长投"的财务风险，民企用钱"既贵又难"。69.72%的受访民营企业家反映银行对民营企业贷款条件极为苛刻，在公司贷款抵押品充足的情况下，依然要求民营企业家及其配偶承担无限连带担保责任。这类问题违背了现代公司有限责任制的本质特征，导致民营企业家在经营中具有不安全感，或靠自主盈利增长筹集发展资金，或靠便捷但成本高的民间融资发展。

二、四川民营企业家成长及企业家精神分析

企业家是经济活动的重要主体，企业家精神是经济发展的思想动力。改革开放以来，四川形成了百万人规模的川商队伍，他们的主体是民营企业家。目前，全省各级工商联会员达 197 776 个，其中企业会员 99 517 个、个人会员 93 809 个、商会等团体会员 4 450 个；民营企业家担任全国、省、市、县四级人大代表的分别为 7 人、56 人、611 人、1 864 人，担任全国、省、市、县四级政协委员的分别为 6 人、101 人、1 009 人、5 172 人，担任全国、省、市、县四级工商联执委的分别为 15 人、354 人、2 188 人、9 157 人。改革开放 40 多年中，民营企业家作为四川经济领域最具活力和创造性的群体，在四川民营经济发展中扮演着关键角色。尤其当前，四川民营经济仍处于创业者或"老板经济"的发展阶段，民营企业发展普遍带上了"老板思维"痕迹，民营企业文化也深深烙上了"老板情结"印记，企业家和企业家精神不仅是实现四川民营经济健康发展的关键性因素，也是制约当前四川民营企业转型升级的关键性症结。因此，营造民营企业家健康成长环境，激发保护弘扬优秀企业家精神，培养造就一支精通现代企业管理、具有创新精神和创业能力、熟悉国内国际市场、适应国内外竞争环境的优秀企业家队伍对于促进四川民营经济健康、快速、可持续发展具有特殊的重要意义。

（一）企业家及企业家精神的内涵与价值

民营经济要健康发展，前提是民营经济人士要健康成长。企业家是企业实现可持续发展的"领航人"，是社会财富创造活动的领导者，在企业遵纪守法、恪尽责任方面发挥示范作用，在保持企业创新活力、创业动力

和创造财富方面发挥领导作用，在塑造企业文化和传承企业精神方面起决定作用，在企业造福人民、回馈社会方面发挥引领作用。在现阶段，四川企业家的主体是民营企业家。改革开放以来，四川成长起来一支百万人规模的川商队伍。他们是改革开放的参与者与受益者，是社会主义市场经济的建设者与捍卫者，是中国特色社会主义的拥护者与践行者，是治蜀兴川弥足珍贵的稀缺资源。推动四川民营经济转型升级和持续发展、实现四川从经济大省向经济强省的跨越，关键就在建设一支数量充足、品质优良、结构合理、作用突出的民营企业家队伍，关键就在充分发掘、培育和弘扬具有四川特质的优秀企业家精神。

企业家精神是企业家群体所具有的特殊精神特征和独有品质素质，在从企业经营管理者成长为企业家的过程中发挥关键独特的作用。自法国经济学家萨伊 1800 年首次定义"企业家"这一概念以来，企业家精神的内涵不断得到扩展和丰富。最初，创新精神与冒险精神被认为是古典企业家精神最为重要的核心元素。其后，随着现代公司制度的产生，企业经营规模不断扩大，所面临的市场环境复杂多变，企业家面临的失败和挑战愈发增大增多，企业家精神也被赋予了更多的内涵，如合作精神、敬业精神、学习精神、诚信精神、执着精神。概括起来，西方语境中的企业家精神通常包括了创新、冒险、合作、敬业、学习、诚信和执着等元素。

（二）新时代中国企业家精神的内涵

企业家精神具有鲜明的国情特点和时代特色。不同时代、不同国家、不同地域的企业家精神除具备共性之外，还往往展现出独特的精神品质。2017 年中共中央、国务院出台《中共中央 国务院关于营造企业家健康成长环境弘扬优秀企业家精神更好发挥企业家作用的意见》，首次以专门文件明确新时代中国企业家精神的地位、价值，也首次提出弘扬三个方面九个维度的优秀企业家精神，这构成了新时代中国企业家精神的内涵框架。

（1）企业家的"标杆"精神：爱国敬业、遵纪守法、艰苦奋斗

这是新时代中国企业家精神的政治性内涵，强调企业家具有双重公民身份，既是国家公民，又是企业公民的人格化。企业家的经营行为和个人行为都会对国家意识形态、社会价值观念、公民思想行为产生影响，因此企业家必须对国家社会承担双重职责、履行双重义务。这一内涵具体化为三种精神品质：①爱国精神，引导企业家树立崇高的理想信念，坚定正确

的政治立场，坚持党的领导和中国特色社会主义道路，在产业报国上做表率。②法治精神，引导企业家依法经营、诚信经营，依法治企、依法维权，自觉抵制经济违法行为，在遵纪守法上做表率。③奋斗精神，引导企业家自强不息、拼搏奋斗，居困境坚守理想、奋发图强，培养坚持而不放弃的忍受力和意志力；居顺境不忘初心、居安思危、继续前进，养成积极健康的生活情趣，在立身立业上做表率。

（2）企业家的"工匠"精神：创新发展、专注品质、追求卓越

这是新时代中国企业家精神的职业性内涵，是企业家职业道德、职业能力、职业品质的体现，是企业家的一种职业价值取向和行为表现。这一内涵具体化为三种精神品质：①创新精神，培养企业家追求突破、追求革新的创新内蕴，激发企业家的创新活力和创造潜能，增强企业家的创新思维和创新魄力，引导企业家将创新创业作为终身追求，不断增强企业活力。②专注精神，引导企业家树立精益求精的品质精神、追求细节的执着精神、用户至上的服务精神，不断增强企业核心竞争力。③追求精神，引导企业家弘扬敢闯敢试、敢为天下先、敢于承担风险的冒险精神和争创一流、永攀高峰的竞争精神，不断推动企业做大做强、做精做优。

（3）企业家的"蜡烛"精神：履行责任、敢于担当、服务社会

这是新时代中国企业家精神的社会性内涵，是企业社会责任的具体化和人格化。它要求企业家在经营企业、创造财富的同时，还要增强履行公民义务和社会责任的荣誉感和使命感，要有回报社会、报效国家的情怀，承担起更多的社会责任。这一内涵具体化为三种精神品质：①责任精神，引导企业家主动履行对员工和股东的法律责任，对消费者和上下游企业的企业责任，对社会其他成员和对生态环境的社会责任，自觉构建和谐劳动关系、积极保护生态环境。②感恩精神，激发企业家致富思源的情怀，引导企业家主动参与公益慈善事业，创造更多经济效益和社会效益。③家国精神，引导企业家深刻认识自身在民族复兴中的重大使命，积极参与国家重大战略实施，主动投身中国特色社会主义事业，为实现中华民族伟大复兴的中国梦贡献智慧和力量。

（三）传统川商文化的特质与局限

在长期的商业实践中，不同地域形成了不同的企业家群体，也进而孕育了各具特色的地域性商业文化。今天，这种地域性商业文化进一步丰富

了新时代中国企业家精神的内涵和外延，构成了不同地域企业家精神的底色，从而使之能够落地生根发芽。比较典型的如粤商、闽商、浙商。粤商精神突出表现在包容、务实、敢为天下先。闽商精神的典型特质是善观时变、顺势而为，敢冒风险、好拼会赢，合群团结、豪爽义气，恋祖爱乡、回馈桑梓。浙商精神高度凝练为新与老的"四千精神"：走遍千山万水、说尽千言万语、想尽千方百计、吃尽千辛万苦；千方百计提升品牌、千方百计开拓市场、千方百计自主创新、千方百计改善管理。同样，要培育和弘扬内蕴四川企业家精神气质的川商精神，也需要根植四川特殊的人文环境和地域性商业文化，按照新时代中国企业家精神的新要求，深入发掘、高度提炼。

心由境生，巴山蜀水养育了巴蜀儿女，也孕育了独特的川商文化。川商文化受到了四川特殊的历史人文、地理地貌、资源条件、生活方式等要素的影响。四川多山，山脉环接形成盆地，山地和高原占全省面积的78%以上；四川多水，长江、黄河、嘉陵江流经四川，境内共有大小河流近1 400条，号称"千河之省"；川人嗜辣，温润潮湿的地理环境孕育了千年来川人"尚滋味""好辛香"的饮食传统，也建构了川人独特的生活方式，并进一步影响到川人的价值观、人生观。以此为表征的物候环境，在农耕时代孕育了川商如巴山一样勤奋、坚韧、独立的精神，培养了川商如蜀水一般多元、包容、洒脱、机敏的品质，更造就了川商如朝天椒一样乐观、豁达、热情的群体人格。而这种封闭的地理环境在商业时代也凸显出其局限性，造成了封闭、松散、短视、自满的川商群体缺陷，成为四川民营经济发展的文化羁绊和深层制约。因此，弘扬新时代川商精神，需要在对传统川商文化进行扬弃的基础上加以倡导，使之成为符合时代要求、具有地域特色、能够激发心理认知共鸣的川商精神家园。

（四）新时代四川民营企业家与川商精神

对照新时代中国企业家精神的内涵、对标中央关于弘扬优秀企业家精神的要求，四川民营企业家在精神层面既有乐观积极的特质，也有封闭保守的消极元素。

（1）创业成功率较高，具有乐观的创业信心和坚韧的创业恒心

从问卷调查来看，四川民营企业家具有乐观、豁达、向上的群体心理特征。受访企业家中，有41.28%的企业家一次创业成功，22.94%的企业

家两次创业成功；有 52.29% 的企业家创业原因是成就事业、实现自我价值。对于可能存在的创业风险，有 35.78% 的企业家表示从未想过会失败，有 61.47% 表示假设失败后会再创业。

（2）恋乡爱乡观念较强，有利于培育其返乡创业、造福桑梓的感恩意识

根据 2015 年"零点指标数据"调查，四川人有着全国最高的家乡认同感。有 82.2% 的四川人选择最喜欢的省份是本省，高于全国平均值（48%）以及北京（76.6%）、上海（74.5%）和广东（70.2%）。来生还愿做四川人的有 82.2%，远高于全国平均值（43.7%）。这种强烈的家乡观念也广泛存在于四川民营企业家中。在座谈中，大部分也包括外省来川的企业家都表示愿意根植四川，创业打拼。

（3）观念意识较为保守，市场意识较弱，视野不够开阔，"工匠"精神不足

①"靠市长不靠市场"的陈旧观念仍然强烈而浓厚，市场意识不强。有超过 50% 的受访企业家认为与政府领导的关系对本企业具有很重要和非常重要的影响，仅有 8.33% 的受访者认为与政府领导的关系对本企业的发展不重要。在座谈中，部分企业家反映，其企业投资随政府领导职位调动而变更，特别是在房地产、工程项目等依靠政府订单和政府审批的行业，这种趋势更加明显。

②观念较保守，开拓意识不强，对新兴融资工具的关注度和采纳度较低。问卷显示，四川民营企业融资渠道极为有限，企业家对利用风险投资等新型融资工具非常谨慎，对中小企业创新金融工具的信息掌握有限。调研中表示没有风险投资者的企业占 57.8%，不打算在未来引入风险投资者的企业家占 50%。相比江浙地区而言，四川民营企业家在使用民间借贷时更为谨慎，有 83.49% 的受访者表述从未或很少使用民间借贷。在银行贷款难以满足企业发展需求的情况下，多层次资本市场融资利用不足，融资问题成为制约企业发展的重要因素。

③视野不开阔，学习意识不强。调研中课题组专门就公司战略、公司财务、中小企业金融融资和风险投资等设置问题进行询问，企业家对公司战略和公司财务方面的问题答案正确率较高，但对中小企业融资方面的新型工具还不够了解。例如"商业银行申请发行小型微型企业贷款专项金融债进行审批的机构是什么？"答案选择正确率仅为 37.04%。

④创新意识不足，总体研发投入程度较低。在受访者中，总体 R&D 占销售收入比例低于 5% 以下的占调查样本的 44.44%；位于 5%~10% 水平的，占调查总样本的 27.78%，相比东部沿海地区，四川企业的研发性投入意愿水平相对较低，创新意识较弱。

⑤具有较强的多元化倾向，专注精神、工匠精神不足。特别是由于企业家认为与政府领导的关系具有显著的重要性，其创新发展、以质取胜的意愿更弱。调研中只有 34.31% 的受访者认为其在市场竞争中最重要的竞争力是产品和服务的质量，有 36.89% 的受访者认为进一步提升产品质量对其企业销售收入"无影响""影响较小""影响一般"。仅有 28.44% 的受访者表示公司未来的核心发展战略是"植根现有产业，进一步扩大规模和市场占有率"。而余下选择多元化发展的受访者中，有 30.28% 和 22.94% 是因为"主业产品市场需求的成长率下降"和"主业产品未来市场的不确定性较大"。在面临激烈市场竞争时，一方面四川民营企业家选择精耕细作，培植核心竞争力的信心和意识不强，多数时候选择改变行业以应对；另一方面，四川民营企业转型升级的任务还异常艰巨和繁重。

（4）企业承担社会责任较多，但内生动力不强，"蜡烛精神"不足

除了按时纳税、环保责任等外，93.58% 的受访企业家选择了企业承担社会责任，但仅有 54.13% 的企业家是出自自我认同感而履行企业社会责任的。在可多项选择的背景下，有 85.32% 的企业家认为他们是为了树立企业的良好市场形象而消极被动履行社会责任，31.19% 的企业家认为他们是因为受到政府的邀请、摊派而不得不履行社会责任。这说明四川民营企业家履行社会责任的行为虽然较普遍，但内在动力不足，很大程度是出于商业、政治目的。同时，四川民营企业家履行社会责任的形式也较为单一。在社会责任履行方式的多选背景下，68.81% 的企业家选择向慈善机构捐款捐物，71.56% 的企业家选择资助贫困学生。可见，采用捐款捐物等直接履行社会责任方式的较多，而采取产业扶贫等造血型长期性方式的较少，反映出四川企业家履行社会责任的主动参与不够、方式渠道不多。

三、四川企业家精神培育环境分析

良好的环境是企业家精神形成的土壤，也是企业家健康成长的保障。企业家精神的培育和企业家成长受到多种环境因素的影响，其中既有宏观制度环境因素，如政治环境、政务环境、法治环境等，也有经济环境因素，如市场发育、产业配套、基础设施、资源禀赋等，还有社会环境因素，如历史沿革、文化传统、社会氛围等。其中，资源禀赋、市场发育、产业配套、基础设施、文化传统、社会环境等是长期积累发展的结果，短期难以根本性地调整，而宏观制度环境通过调节政府行为可以在较短时间内对企业家的心理和行为产生影响。而在宏观制度环境的诸多构成要素中，又以政商环境尤为重要。政商环境是以政企关系和政商关系为核心的生态系统，对企业家健康成长、企业家精神培育，乃至民营经济健康发展都具有关键性影响。中国的改革开放在某种程度上肇始于政企关系改革，从而激发了企业家和企业活力，创造了今天的经济奇迹，但在一定程度上也带来了政商关系的乱象。因此，要实现中国经济转型升级，必然需要重构政商环境，进一步理顺政企关系，构建亲清政商关系，从而充分激发企业家作用，弘扬优秀企业家精神，实现民营企业家的健康成长和民营经济的健康发展。因此，课题组在兼顾考察其他环境影响的基础上，重点从政商环境切入，研究政商关系及政府行为对四川民营企业家成长及企业家精神培育产生的影响。

（一）企业家精神的影响要素

企业家精神，既受到宏观制度、市场和企业等外环境的影响，也受到企业家个体特征的影响，主要包括以下三个层次：

（1）宏观制度环境对企业家精神的影响

宏观制度环境对企业家精神影响的要素包括：①法律制度，具体而言包括法律的隶属体系和执行程度。只有具备法律契约和私有财产权的保护的法治体系，才能够谈得上持之以恒的企业家精神，有恒产才有恒心。当缺乏完备的法律保护机制并面临高昂的诉讼成本时，在公司的运营过程中，企业家不得不通过绝对控股的方式替代法律保护机制，依靠大股东的监督权力，对其高管人员实施监督和激励；在企业的传承过程中，通过血缘关系传承替代职业经理人管理传承，更加强调企业家的绝对权力，在企业家精神中强化经理人的英雄主义，同时降低了信任和合作等精神元素。②政商环境。政府的行为和传导的信号，深刻影响着企业的决策和企业家精神培育。政府在资源配置中的权力和手段，决定了企业家在谋求资源获取和配置时，是更加依赖政府的力量还是市场的力量。③社会意识。宗教、习俗、思想等一系列社会意识会影响企业家的行为方式和理念规范。社会价值观影响社会对待企业家的认同感和看法，从而影响企业家精神。受传统法家思想重官轻商、重农轻商的历史文化影响，我国民营企业家的地位长期不高，导致企业家精神长期未能纳入主流的价值体系

（2）市场环境对企业家精神的影响

以市场为基础的资源配置方式是企业家精神培育的前置条件，企业所处的市场成熟程度越高，市场配置资源效率越透明有效，越有助于企业家发挥主观能动性，越有助于企业家精神的培育和弘扬。具体而言，企业市场环境的要素包括产品市场、劳动力市场、原材料要素市场和金融市场。

（3）企业家个体特征对企业家精神的影响

企业家的成长环境、受教育程度、是否具有政治关联等个体特征因素也影响着企业家精神。以教育背景为例，不同体制下的教育背景对企业家精神的形成具有不同的影响。历史研究指出，自由和宽松的教育体制，自由、平等以及注重市场竞争的价值观，追求多元性、创造性的理念更容易培育企业家精神。鉴于我国处于轨制时期，政治资源属于企业发展的关键性资源之一，深刻影响着企业家的决策行为，尤其是转轨经济中由于制度与市场的不完善，民营企业并非单纯依靠市场获得资源，而是倾向于利用其他非市场化的手段，因此政商关系对企业家精神的影响显得尤为显著。

（二）四川政商环境对企业家精神影响的实证回归分析

为进一步考察政商环境对四川民营企业家精神培育的影响，课题组选取了8个相关变量建立模型，对117名民营企业家进行了问卷调查。通过对调查结果的统计回归分析，考察特定政府行政行为、政商关系状况与企业家心理和行为的关联关系，从而进一步发现四川政商环境对企业家精神培育的深层次影响。

1. 模型主要变量与定义（见表 5-1）

表 5-1　模型主要变量与定义

模型主要变量	变量定义与度量方法
企业家认为与政府领导关系对本企业发展的影响程度	问卷中设置问题"你认为对你的公司而言，与政府领导的关系对公司发展的影响有多大"，该变量为企业家打分的连续变量，从 0 到 10，数值越大，反映企业家认为政府的影响越大
初始受教育程度	该变量为企业家在创业时的受教育程度，共设置了从初中到研究生的 4 个选项，取值分别为 1 到 4 的排序离散变量
创业时的动机	问卷中设置问题"您创业的最重要的原因和动机是什么？"，共设置"A. 满足生存需求、B. 提高生活水平、C. 成就事业和自我价值实现、D. 就业情况不好或找不到其他工作、E. 羡慕成功企业及企业家、F. 朋友叫我一起创业或受到群体影响、G. 决策和控制更为灵活自由"6 个选项。在模型回归时，将该变量转化为 0 或 1 变量，代表是否源于企业家自我价值实现进行的创业。其中，选项为"成就事业、自我价值实现"的设置为变量 1，其他选项设置为变量 0
公司从政府获取的补贴对公司的重要性	问卷中设置问题"公司政府补贴对公司发展的影响程度"，该变量值为企业家打分的连续变量，取值从 0 到 10，其中取值得分越高，代表该变量影响越大
企业家因政府权力负面清单或政策不清晰不完备而受到处罚的频率	问卷中设置问题"是否曾经因为政府权力负面清单（不开放的经济领域）或政策不清晰不完备而受到处罚？"，共有 4 个选项，分别为经常、有、偶尔和无
产品质量提升对产品销售的影响	问卷中设置问题"请评估贵公司进一步提升产品质量对公司销售收入增长的影响程度"，共有 5 个选项，分别为"A. 无影响、B. 影响较小、C. 影响一般、D. 影响较大、E. 影响非常严重"，该变量为排序离散变量
企业家的经营知识能力	问卷中设置了关于企业经营战略、市场营销和财务的 3 个问题，每个问题回答正确得 1 分，满分为 3 分
企业的市场化导向程度	问卷中问题"请您根据您公司在市场竞争中，对于核心竞争力来讲，将以下要素根据重要程度排序是"，该问题中，将市场各类要素排在政府关系之前的样本，被定义为企业市场化导向程度更高的样本，该变量为虚拟变量

2. 回归分析结果

（1）四川政商环境对培育企业家爱国敬业遵纪守法精神的影响

本次问卷调查的调查对象主要来自成都、眉山和乐山三地，政府特征相对固定。课题组进一步分析在这一背景下，什么样的企业家会认为与政府领导关系对企业发展产生重要影响。在研究中，课题组充分考虑了企业家的个人背景、创业背景、企业特征和过往与政府的经历等。回归分析结果如表5-2所示。

表5-2 不同特征企业家对与政府领导关系的重要性认识

因变量：企业家认为与政府领导的关系对本企业发展的影响程度			
回归变量	回归系数	标准差	T值
企业家年龄	−0.005 136 9	0.026 903 3	−0.19
企业家性别	0.999 977 **	0.494 277 4	2.02
企业家初始受教育程度	0.018 623 1	0.259 236 7	0.07
企业家是否接受过 MBA 教育	0.454 798 9	0.425 391 7	1.07
是否为夫妻联合创业	0.980 779 6 **	0.474 061 7	2.07
企业家创业动机	−0.323 066 3	0.587 974 1	−0.55
企业家创业前是否具有政府工作背景	1.604 097 **	0.655 734 2	2.45
是否被政府认定为高科技企业	0.966 192 5 **	0.465 762 5	2.07
企业家是否为党员	−1.322 281 ***	0.455 203 5	−2.90
政府补贴对企业的重要性	0.336 213 4 ***	0.073 916 6	4.55
常数项	3.289 648	1.551 856	2.12

注：*** 代表1%的水平下显著，** 代表5%的水平下显著，* 代表10%的水平下显著，加粗字体代表该变量有显著影响。

从上表可以看出：

①不同性别的企业家在对与政府领导关系的重要性认识上，具有显著差异性，在5%的统计水平上显著，男性企业家比女性企业家更倾向于认为，与政府领导的关系对企业发展具有更重要的影响。

②夫妻联合创业的企业家，更倾向于认为与政府领导的关系对企业发展具有更重要的影响，在5%的统计水平上显著。其可能原因是，夫妻双方将自身的所有职业发展和家庭的所有资产均投入在创业企业上，其承受风险的能力更差，更倾向于与政府领导建立联系，以获取资源或避免因不当行为受到政府的惩罚。

③创业前具有政府工作背景的企业家，更倾向于认为与政府领导的关系对企业发展具有重要影响。其可能原因是，具有这类背景的企业家，更熟知政府的运作流程和政府领导所掌握的核心资源，并可能与原有的同事和还在政府工作的朋友具有良好的关系，为企业带来有政治关联的资源和与之相关的潜在利益。

④被政府认定为高科技企业和更依赖政府补贴的企业，更倾向于认为与政府领导的关系对企业发展具有重要影响。导致这一现象的可能原因是，这类企业的高科技企业资质认定、补贴获取、税收减免，都强烈依赖与政府的相关性。

⑤具有党员身份的企业家，更不倾向于认为与政府领导的关系对企业发展具有重要影响。其可能原因是，党的十八大以后，党中央倡导建立新型政商关系，对官员的反腐力度不断加大，具有党员身份的企业家获取最新政治信息的机会渠道相对较多，对这些新的信号更加敏感，对与官员的关系处理上更加谨慎，逐渐形成靠市场不靠政府的心理。

⑥从现有的样本调查中，课题组暂时没有发现企业家的年龄、受教育程度和是否接受过 MAB 教育在看待与政府领导关系的问题上存在显著差异性。

从上述研究可以得出以下结论：在创业前具有政府工作背景的企业家在经营过程中，更依赖政府，缺少市场竞争意识。在一定程度上证明，要求政府领导在离开公职后的一段时间不得创办企业，具有重要意义，不仅有助于构筑与原有工作关系有利益输送的"防护墙"，也更能增强企业家合法经营的市场意识，有利于培育塑造企业家爱国敬业、遵纪守法的企业家精神。更进一步，从政府离职创业的企业家，其行为具有重要的信号传递作用，成功是靠市场还是靠政府，对其他企业家的成长具有示范意义，也对构建"亲""清"政商关系具有指导意义。同时，研究发现，越依赖政府补贴的企业家越认为政府关系重要，这也说明了政府补贴需要进一步完善创新，不当补贴或者过度补贴不仅不能促进企业的发展，还可能形成"靠市长而非靠市场"的错误观念，不利于企业家精神的培育塑造。

（2）四川宏观制度环境对培育企业家工匠精神的影响

多元化战略通常被认为会帮助企业有效分摊风险，包括企业的经营风险和政策风险，但同时多元化战略也常常被认为将分散企业的经营资源，降低企业家的专注精神。四川民营企业家具有较强的多元化发展倾向，为了检验政府政策的透明度对这一倾向产生的影响，特别是如何影响企业家在企业发展的专注性，课题组检验了政府政策的透明度对企业家多元化发展倾向的影响。回归分析结果如表5-3所示。

表5-3 政府政策透明度对企业多元化倾向的影响

因变量：企业在未来是否将选择多元化战略			
回归变量	回归系数	标准差	Z值
企业家因政府权力负面清单或政策不清晰不完备而受到处罚的频率	0.556 712 8**	0.281 568	1.98
企业家年龄	−0.034 145 6	0.031 838 3	−1.07
企业家性别	−0.019 565 4	0.569 700 8	−0.03
企业家是否具有政府工作背景	0.740 422 3	0.871 160 4	0.85
企业家是否为党员	1.034 832*	0.563 136 1	1.84
政府补贴对企业的重要性	0.000 765 1	0.083 575 9	0.01
企业家的经营专业知识能力	0.052 614 1	0.160 241 5	0.33
企业家在企业中所占股份比例	−0.390 711 8*	0.237 931 3	−1.64
产品质量提升对产品销售的影响	0.347 444 7	0.230 950 9	1.50
常数项	1.323 389	2.031 422	0.65

注：***代表1%的水平下显著，**代表5%的水平下显著，*代表10%的水平下显著，加粗字体代表该变量有显著影响。

从上表可以看出：

①当企业家因政府权力清单负面清单或相关政策不清晰不完备而受到处罚的频率越高时，企业家的不安全感越强烈，专注企业某一行业业务的动机越弱，越有可能通过分散投资来降低风险。

②当企业家具有党员身份时，进行多元化投资从而分散风险的动机更强烈。

③企业家在公司中所占股份比例越高时，越有可能专注单一行业的投资，做大做精。

④在模型中，课题组控制了企业家的年龄、性别、经营专业知识能

力、政府工作背景，同时也控制了企业的特征因素，暂时未发现其他因素对企业家预期多元化动机的影响。

从上述研究可以得出以下结论：当企业家越频繁受到因为政府负面清单或政策不确定性的惩罚时，越具有不安全感，也越难以聚焦精力在某一个领域进行深耕细作，越有可能通过多元化的投资，分散自己在原投资领域的政策不确定性风险。这种情况下，很难培育塑造企业家追求卓越的冒险精神、专注品质的工匠精神。

（3）四川政商环境对培育民营企业家服务社会精神的影响

在调查问卷中，企业选择承担社会责任的样本数占到绝大部分，有93.58%的受访企业家选择了企业承担社会责任，但这其中仅有54.13%的企业家是出自内心的自我认同感而履行企业社会责任。课题组主要关注哪些企业家是出自内心的自我认同感自愿承担企业社会责任。回归分析结果如表5-4所示。

表5-4　企业承担社会责任的影响因素

因变量：企业家是否出自内心的自我认同感而承担企业社会责任			
回归变量	回归系数	标准差	Z 值
企业家年龄	−0.090 013 6***	0.031 577 4	−2.85
企业家性别	0.075 570 8	0.574 147 7	0.13
企业家是否为党员	−0.365 656 1	0.469 386 3	−0.78
企业家父亲是否为政府公职人员	−1.868 53***	0.597 918 7	−3.13
企业家母亲是否为政府公职人员	1.026 052	0.645 771 7	1.59
政府补贴对企业的重要性	−0.183 832 6**	0.082 854 8	−2.22
企业家在企业中所占股份比例	−0.147 907 6	0.199 714 6	−0.74
利润增长幅度	0.261 560 9	0.256 717 2	1.02
企业家创业动机	0.130 171 2	0.662 090 2	0.20

注：***代表1%的水平下显著，**代表5%的水平下显著，*代表10%的水平下显著，加粗字体代表该变量有显著影响。

从上表可以看出：

①年轻企业家相比老一辈企业家更具有回馈社会的意识，其发自内心

认同而承担企业社会责任的动力更强。

②企业家的个人成长背景对企业家发自内心承担企业社会责任具有重要影响，相比而言，白手起家，父辈没有政府背景的企业家，在创业成功后回馈社会的意识更强烈。

③自力更生，较少依靠政府资源在市场中创业成功的企业家回馈社会的意识更强烈；政府补贴对企业发展具有重要影响的企业家，具有自愿承担社会责任的动机反而更弱。

从上述研究可以看出以下结论：企业家对于成功的归因，对其是否自愿承担社会责任、回馈社会具有重要影响。研究中，父辈具有政府背景的企业家，其业务更可能源于家庭关系，其更愿将成功归因于自身的关系资源，而非社会因素和市场因素，因此更缺乏对市场的敬畏之心和感恩之心，回馈社会的意愿更低。相对而言，白手起家的企业家，其关系资源更少，主要依靠市场力量取得成功，对社会也就更具有感恩之心，发自内心回馈社会的动力更强。对于企业家而言，建立"亲""清"的政商关系，是培育企业家主动履行社会责任精神的重要条件。政府的财税补贴政策可能并未达到激励企业家、激发其服务社会精神的预期效果；相反，补贴越多的企业，企业家认为成功的主要原因是源于政府的支持，而非市场竞争，靠政府而不靠市场的理念进一步强化，导致企业家尝试将主要精力用于维护政府关系上，由于其成功归因市场因素较小，其回馈社会的意识也就较弱。部分企业家缺乏履行社会责任积极性的原因可能不是政府支持过少，而是政府给予其不当的支持。

（4）四川政商环境对培育民营企业家创新发展精神的影响

民营企业是技术创新的重要载体。什么样的因素有助于鼓励民营企业家加大研发投入？政府给予的补贴政策是否有助于鼓励民营企业进行研发投入？课题组对民营企业研发投入强度的影响因素进行了研究。回归分析结果如表5-5所示。

表5-5　民营企业研发投入强度的影响因素

因变量：企业研发投入的强度			
回归变量	回归系数	标准差	T值
企业家年龄	-0.033 044 **	0.014 187 9	-2.33
企业家性别	-0.010 441 7	0.263 575 6	-0.04

表5-5(续)

因变量：企业研发投入的强度			
回归变量	回归系数	标准差	T 值
企业家是否具有政府工作背景	−0.429 052	0.338 509 3	−1.27
销售收入的增长幅度	0.100 391 6	0.077 962 7	1.29
政府补贴对企业的影响程度	−0.026 903	0.043 022 6	−0.63
企业家创业动机	0.079 269 3	0.314 110 8	0.25
企业的市场化导向程度	0.658 042 *	0.356 754 5	1.84
企业是否属于高科技企业	3.300 635 ***	0.718 378 9	4.59

注：*** 代表1%的水平下显著，** 代表5%的水平下显著，* 代表10%的水平下显著，加粗字体代表该变量有显著影响。

从上表可以看出：

①年轻企业家相比老一辈企业家，更具有投入技术研究的动力与活力，更倾向于加大研发性投入。

②市场化导向越强的公司，越倾向于加大研发性投入。在本模型的回归中，课题组在问卷设计中设计了相关问题，要求企业家对各种生产要素、与政府的关系等因素，按照对企业发展的重要程度进行排序。回归结果显示，靠市场不靠政府的企业，更可能成为社会创新的源泉。同时，认为政府补贴对企业发展具有重要影响的企业家，不仅未能加大企业的研发性投入，相反这一因素甚至具有负向的影响，但在统计水平上不显著。与此同时，以前具有政府工作背景的企业家，倾向于降低研发投入的比例，但在统计水平上不显著。

③高科技企业具有更大的研发性投入比例。但对于这一结论，需要保持足够的谨慎性，其也可能与高科技企业认定中的标准门槛具有一定的相关性。

从上述研究可以得出以下结论：市场导向程度越高，企业越倾向于加大研发投入。企业家是否愿意投入研发，很大程度上取决于其对市场力量重要性的认识。如果企业家认为政府的重要程度高于生产要素、人才资源，企业家愿意更新产品、进行研发性投入的动机就会减弱，企业家会认为，与其费时费力进行企业研发，不如与政府搞好关系。培育激发企业家创新精神，首先需要改变政府的资源配置方式，要让市场在资源配置中起决定性作用。要让企业家认识到，只有以市场为导向才是企业可持续的发展道路，企业家就会有更大的可能性加大研发性投入。

（5）四川政商环境对培育民营企业家艰苦奋斗坚韧不拔精神的影响

优秀的企业家精神要求企业家不仅要在顺境中居安思危、不忘初心、艰苦奋斗，也要在企业发展遇到困难时坚定信心、坚忍不拔、奋发图强，即使在遭遇失败以后还能够东山再起、再铸辉煌。课题组对企业家失败后再创业的影响因素进行了研究。回归分析结果如表5-6所示。

表5-6　企业家失败后再创业的影响因素

自变量：企业家失败后是否进行再创业			
回归变量	回归系数	标准差	Z 值
企业家创业动机	1.542 43 **	0.734 684 3	2.10
企业家是否具有政府工作背景	1.210 967	0.751 558 5	1.61
企业家初始受教育程度	0.161 266 9	0.271 433 5	0.59
企业家受教育专业是否为经管类	−1.350 147 **	0.547 296 1	−2.47
企业家年龄	−0.077 403 3 **	0.030 875 9	−2.51
政府关系对企业发展的重要程度	−0.502 750 5 **	0.214 294 2	−2.35
常数项	5.042 338	1.780 605	2.83

注：***代表1%的水平下显著，**代表5%的水平下显著，*代表10%的水平下显著，加粗字体代表该变量有显著影响。

从上表可以看出：

①创业初心对于企业家坚韧不拔的精神具有显著影响。在回归结果中，创业动机为实现个人价值的创业者，在面临创业失败时，更倾向于进行再次创业，不甘于平凡，不害怕失败。

②企业家的经济学和管理学的背景，更容易让企业家具有谨慎心态，害怕失败。回归结果显示，具有经济学和管理学背景的企业家更害怕失败，失败后不再倾向于再次创业。其可能的原因是，这类企业家对各种创业的影响因素考虑较为周全，同时也更为谨慎，风险意识更强。

③企业家年龄越大越害怕失败，失败后不再倾向于再次创业。这一结论与风险承担的自然规律一致，在某种程度上，也凸显了高龄创业者的难

能可贵。

④政府关系对企业发展的重要程度越高，企业家失败后进行再次创业的可能性越小。研究发现，越是政府对企业发展具有重要影响的样本，企业家越害怕失败，在失败后倾向于不再创业。

从上述研究可以得出以下结论：培育企业家坚韧不拔、追求卓越的精神，对于鼓励创业者敢打敢拼、不惧风险具有重要的现实意义。营造良好的政商环境，对于鼓励企业家持续创业具有重要意义。当企业家认为政府对企业的发展具有极为重要的影响时，企业家易将失败归因于政府方面的因素，即使再次创业，也很难解决与政府的关系问题，再次创业的失败率依然较高，不再愿意从头再来；而如果企业家认为政府对企业发展的影响较弱时，即使失败也更偏向于将失败归因于市场竞争，认为可以总结经验，重新创业。因此，降低政府对企业发展的直接干预，对于培育企业家坚韧不拔的精神具有积极的重要影响。

（三）四川政商环境对川商精神培育的主要制约

通过上述问卷调查的统计分析和实地访谈的结果，可以看出四川政商环境不利于川商精神培育的主要原因包括以下几个方面：

（1）对民营经济的地位认识不到位

相对于江浙地区，四川国有企业在经济发展中的主体地位深入人心。尽管从统计数据来看，四川民营企业在 GDP 创造、税收缴纳、解决社会就业等领域已经超越国有企业，但在调研中发现，无论是地方官员还是国有企业，都未真正将民营企业作为公平竞争的市场主体一视同仁，在市场准入、竞争规则、招投标条件、融资等领域对民营企业不同程度地设置有歧视性条款。从本质上讲，体现了部分领导干部未认同民营企业在竞争性市场领域的公平主体地位，除了歧视性规则的设置，还体现在规则的执行和解释上，有时甚至出现有法不依和政府失信的情况。与此同时，民营企业家缺乏有效的维权手段，在合法权益受到不公平对待甚至侵害时，无法寻求有效的解决途径与手段，造成民营企业家对政府与政策缺乏信任感，不敢投资。特别是对于前期投资较大的项目，对政府换届导致的政策风险和政府官员清廉程度更为敏感，容易扭曲民营企业家投资行为，在一定程度上导致四川民间投资明显不足。此外，政府产业引导政策也存在低效率问题，在本次问卷调查中，民营企业愿意跟随地方政府产业政策进行投资的意愿仅为 6.9 分（满分为 10 分），特别是前期重资产投资的行业，这一得分更低。

（2）对"亲""清"新型商关系的理解不到位

2016 年全国"两会"期间，习近平总书记用"亲""清"二字概括了新型政商关系，为领导干部和企业家的交往提出了明确要求和现实遵循。从调研的情况来看，党的十八大以来，高压反腐净化了政治生态，遏制了扭曲的政商关系，但在一定程度上也衍生出一种"寒蝉效应"。部分民营企业家反映，一些党政干部在政商关系尺度的理解和把握上存在误区，将"亲""清"的政商关系错误地理解为"划清"政商关系。领导干部与民营企业的交往非常谨慎，不敢走进、不想走进民营企业，对正常的与民营企业的交往也顾虑重重，表面上客客气气，实际上遮遮掩掩、敷衍塞责，造成了实质上的"懒政"。其具体的表现形式为：

①在政府项目中，能与国有企业合作，尽量与国有企业合作，不与民营企业打交道。党政干部由于担心他人议论，怕事后承担责任，在政府项目的招投标过程中，优先与央企、国企合作，因为即使事后出现问题，也说得清、道得明。民营企业采用变通方法，常常是向央企借牌子，或与央企开展合作，无形中增大民营企业的经营成本，也不利于培育民营企业作为独立的市场主体参与竞争。

②面临民营企业发展中的制度性障碍，明知不合理，仍然"严格按程序"执行，而不是积极推进制度改革和寻求相关解决措施。以调研中的某企业为例，该企业由浙江企业家在四川投资创立，根据相关文件要求，外省人员在四川省内开办企业时需办理暂住证，办理暂住证则需在当地具有租房协议，该企业家在当地已经购房，拥有自己的住房。经办部门以符合文件为标准，要求必须出具租房协议，该企业家最终签订协议将自己的房子租给自己。另一中药企业，其业务涵盖中药材的种植、加工、销售全产业链，中药加工后的药渣用于中药种植是很好的生态肥料，但是相关文件出于环保考核，要求该企业的药渣必须要集中到固定地点进行集中处理，并需取得相关的证明文件，该企业只得放弃药渣的循环利用。

③刻板执行最低价中标原则。为了避免可能潜在腐败问题和引起关注，政府招标采购过程中执行了最低价中标原则，尽管在实践过程中，部分地方已经意识到最低价中标可能带来的进度和质量问题，提出了合理低价中标原则，但为了避免担责，在实际操作中采购单位仍然优先选择最低

价中标，这种导向不利于民营企业将注意力放在质量提升上，而主要关注如何降低成本，甚至选用低劣材料，以次充好。

（3）考核体系不完善导致民营经济发展方式错位

政绩考核制度对地方政府发展民营经济有较大影响，不同地方政府对待民营经济的态度存在显著差异，在发展民营经济的方式和处理政商关系的方式上，也存在不同。调研中发现，在发展地方经济的"锦标赛竞争"中，通过发展民营经济获得政绩进而在晋升中占有优势，成为地方政府发展民营经济的动力之一，因而在民营经济的发展上具有更强的扶持动机，特别是对于经济业绩较好的地方民营企业，具有更强的"父爱主义"思想。

由于考核的指标体系不完善，影响发展民营经济的具体表现有：同时具备利用地方政府资源支持民营经济发展的"父爱主义"思想和利用民营企业反哺地方经济发展的"实用主义"思想。政府对待民营企业的发展态度表现为锦上添花，补贴和各种优惠政策更多地被投入优质民营企业之中。针对民营企业的问卷调查数据显示，民营企业在经营良好时，政府解决民营企业问题的得分为6.9分；而民营企业在出现困难时，政府解决民营企业问题的得分为5.4分。证明政府对待企业的态度在两种情况下具有显著的统计差异性，这种倾向一定程度破坏了民营企业的自由市场主体地位，其原因源于地方政府领导人政绩考核机制。当评价地方政府的补贴实施效果和优惠政策效果时，为了证明补贴的实施效果促进了明星企业的产生，自然容易产生内生性的"父爱主义"。从经济学的理论来讲，政府补贴应当是被用于解决市场失灵的情况，鼓励企业进行外部性行为，例如：加大技术创新，扩大技术研发的外溢效益，而现行的补贴政策实际上具有奖励性政策属性，而非弥补市场失灵和投入那些真正需要政府扶持的企业。从企业获得补贴的反馈来看，在满分10分的情况下，认为政府补贴对企业发展的影响程度均值仅为5.5分。此外，政府在给予企业支持的同时，通常会附加要求企业在税收缴纳、解决就业、精准扶贫等领域给予反哺、支持。例如：个别地方政府要求企业人为调节税收缴纳的时间点，既保证税收征缴任务的完成，又避免新的年度起征点的拔高，以及分摊扶贫指标和扶贫任务等，使得企业承担了部分政府公共服务的职能。

（4）以监管为主的理念意识依然强烈

在政府领导人考核的过程中，既要快出成绩，也要不出问题。从培育市场和企业良性发展的角度，政府应当维护市场稳定，培育市场发展，做好服务工作。在党的十九大报告中，再次强调了建设人民满意的服务型政府。在调研过程中，课题组发现对于企业而言，政府发挥的作用仍然是强监管、弱服务，特别是现行监管体制上，是按照政府职能划分为主进行的监管，而非依据企业经营业务种类进行的监管。企业在经营过程中，往往需要同时面对多个业务监管部门，而监管部门的相关政策相互不衔接甚至部分政策相互冲突，加之政策分散披露，调整频繁，企业难以在短时间内完全知晓、了解各部门的监管变动和最新动向，各部门对企业监管的协调效率较低。究其原因，一方面存在部门利益的分割，难以做到协调监管部门的统一行动；另一方面，各监管部门希望通过履行充分的监管程序，做到自身免责。现行服务型政府的改进，主要体现在简化办事手续、提高电子化政务水平等人民群众有明显获得感的领域，但从健全市场监管、维护市场公平、提高市场信息质量等隐性和长期性服务型政府的建设角度来看，相关工作还有较大提升空间。

(5) 对民营企业家精神的内涵把握不准确

政府在进一步完善政商环境、培育企业家精神的过程中，应该明确四川企业家要培育什么样的精神内涵，什么样的企业家精神应当值得宣传和弘扬，这是企业家精神培育弘扬的前提条件。正如浙商精神、晋商精神具有相对明确的内涵诠释一样，企业家精神的弘扬要具有更为明确的价值导向。

由于缺乏对四川民营企业家精神内涵的准确定义和把握，使得针对企业家精神的宣传中存在以下问题：①以结果为导向，突出企业家的成功和成就，忽略企业家艰辛创业的过程、奋斗拼搏中所体现的精神特质。针对企业家精神的弘扬，不应当以成败论英雄，更不应当以规模大小、扩张速度等显性指标作为企业家精神的评判标准，对直面困境、勇于担当的企业家更应该大力宣传和弘扬，而一些媒体却经常将企业经营所取得的显性成果指标作为企业家精神来宣传。与之相对比，浙商的新、老"四千精神"，以及"白天当老板，晚上睡地板"的"两板精神"，突出的却是企业家的奋斗精神和奋斗过程。②过度拔高甚至神话企业家，宣传传奇故事，而忽略了企业家的实干精神。企业家精神的营造需要榜样的力量，但这里所指的榜样，不是结果的榜样，而是精神的榜样，应当是大众可以模仿、学习的实干创业精神。而媒体在宣传企业家时，常常神话企业家，甚至产生误导。某种程度上，这类宣传没有正面引导、培育和弘扬企业家精神，这种英雄传奇式的企业家精神反而让创业者望而却步。③将企业家创新精神的宣传限定于某些特定行业。一些媒体对企业家精神的宣传和弘扬常常求新求奇，将企业家创新精神等局限于互联网、人工智能等新兴产业，而对于传统行业转型升级、技术革新、质量提升等鲜有提及。

四、营造民营企业家健康成长环境，促进四川民营经济健康发展

近年来，从中央到地方都高度重视民营经济发展问题。中共中央、国务院出台了《关于营造企业家健康成长环境弘扬优秀企业家精神更好发挥企业家作用的意见》，山东省出台了《关于加强企业家队伍建设的意见》，浙江省出台了《关于构建新型政商关系的意见》，天津市出台了《关于营造企业家创业发展良好环境的规定》，陕西省通过《陕西省优化营商环境条例》立法，这为四川进一步优化民营企业家成长环境、弘扬新时代川商精神、激发企业家作用、发展壮大民营经济提供了有益借鉴和参考。结合课题组对四川民营经济、企业家精神和企业家成长环境等问题的研究，现提出以下对策建议：

（一）深入贯彻"两个毫不动摇"，大力营造鼓励民营企业发展、鼓舞民营企业家信心的政治环境

党的十九大重申要"毫不动摇巩固和发展公有制经济，毫不动摇鼓励、支持、引导非公有制经济发展"，表明了我党的一贯立场，回应了社会的重大关切。针对当前民营企业家信心不足的问题，建议省委省政府进一步加强对民营经济工作的领导，既要理直气壮地做大做强国有经济，也要大张旗鼓地鼓励壮大民营经济，把国有经济发展同民营经济壮大放到同等战略地位，同规划同部署同考核；高规格、制度化召开全省民营经济发展大会、民营企业家表彰大会、创新创业人才及经营管理人才表彰大会，集中表彰宣传一批优秀企业家、创业者及职业经理人，集中宣传一批民营企业服务经济社会发展的典型，集中出台一系列广泛惠及民营企业特别是中小企业的激励措施，形成鼓励支持民营经济发展的强大政治氛围和舆论氛围，将省委省政府发展民营经济的信心决心有效传递到民营企业家群体中，让其安心、专心、用心

转方式调结构谋发展；加强对民营经济发展的专项考核，增加民营经济民间投资相关考核的分值比重，研究建立全省民营经济营商环境考核指标，开展民营经济发展环境专项调研督查，督促各级党委政府加大发展民营经济的力度、进度；建立健全党政领导会同相关部门共同联系民营经济代表人士和商协会的制度，完善政企沟通机制，拓展政企沟通渠道，增进政企亲近互信，解决民营企业发展困难；探索建立民营经济主要发展指标动态统计分析机制，政府职能部门高密度定期召开民营经济形势研讨会，及时分析研判当前民营经济发展态势，听取企业家的困难和建议，建立信息收集及反馈机制；充分发挥政务服务平台、主流媒体以及行业商会组织等信息渠道的作用，及时发布权威、准确的政策和市场信息。

（二）划清"两条线"、列明"两张单"，努力构建政企亲近而又清晰、政商亲密而又清廉的政商环境

（1）划清政企关系界线，制定政府权力清单和服务清单

①省政府牵头制定和实施政府权力清单公开计划，自上而下逐级逐部门地审查建立职权目录，并通过互联网向社会公开，接受各方监督。②加强对行政流程的监管，提升服务效率和水平。建立全省统一的标准化办事事项和办事指南，规范全省行政事务办理流程。内容包括：制定现场管理、基层平台建设和办事事项、办事指南等标准，规范和简化服务流程；制定窗口建设、数据管理、公共支付等标准，实现数据共享，保障数据安全；制定咨询、投诉、举报平台等，提升咨询服务的效率和水平；制定监督检查办法，优化行政检查措施和效率；制定事项编码规则、业务协调规范、服务测评规范等标准，建立联合审批、多证合一、证照联办等一体化的办事流程；制定行政执法工作规范，规范综合行政执法。③加强对涉企收费的监管。依法清理和规范企业办理各类行政许可事项中需由中介机构出具的要件，加强对中介机构提供行政许可要件的规范管理和评价考核。全面实施涉企收费目录清单管理，国家规定的涉企行政事业性收费按有关标准下限执行，减少地方涉企行政事业性收费。各级工商联增加涉企收费处罚投诉举报职能，完善投诉受理工作机制，建立全省统一的企业维权服务平台。④加强政务信息公开，提升政务信息获取的便捷性。建立集中统一的省、市、县三级政务信息网络超市，每级每地只设立一个政务信息网络超市，严格按照"公开才有效"的原则，规定各级政府和政府部门的涉

企文件必须在同级网络超市上公开才有效，明确每个文件的有效时间，对过期文件及时进行清理，进一步降低企业获取政策信息的成本，降低部门政策打架、新旧政策打架的风险。⑤推动相关领域立法，适时推进《四川省优化营商环境条例》立法。

（2）划清政商关系红线，制定党政干部"禁行"清单和"倡行"清单

①明确党政干部与民营企业家交往的"负面清单"。制定公职人员"N个禁止"，如禁止收受红包、礼品、有价证券等财物；禁止接受可能影响公正执行公务的宴请，及出入私人会所、高消费娱乐场所；禁止假借名义收取费用或其他好处；禁止默许、纵容、包庇特定关系人在其管辖或影响范围内的企业谋取不正当利益；禁止干预企业正常经营活动，损害其合法权益，或为其谋取不正当利益；禁止违规对企业进行乱检查、乱摊派、乱收费、乱罚款、乱募捐；禁止未经批准参加社会团体、商（协）会及企业举办的庆典等活动；禁止在行政管理和服务等环节吃拿卡要、慢作为、不作为、乱作为，以及从事其他违纪违法行为。

②建立健全党政干部联系服务民营企业、联谊交友企业家的制度机制。完善党政干部与企业家的联系制度，党政领导干部每年安排一定时间深入企业调研指导，重点企业和重点项目实行领导分包制，帮助企业解决发展中的关键问题，相关工作成效要纳入党政干部年度考核。健全政商沟通机制，建立健全党政领导、职能部门与工商联、商（协）会、民营企业的定期沟通互动机制，定期召开民营企业家座谈会听取意见，对企业家诉求要限时办结、限时上报、限时反馈。建立健全党委政府督察部门、审计部门与工商联、商（协）会的工作沟通机制，推动相关政策、扶持资金、重大项目等落地落实。建立党政干部容错机制，要建立正向激励、负面清单与容错纠错相结合的机制，把干部在推进改革中因缺乏经验、先行先试出现的失误和错误，同明知故犯的违纪违法区别开来；把上级尚无明确限制的探索性试验中的失误和错误，同上级明令禁止后依然我行我素的违纪违法区分开来；把为推动发展而产生的无意过失，同为谋取私利的违纪违法区分开来。完善党政干部服务企业的激励机制，加强对各级政府和党政干部服务民营企业、培育民营企业家精神典型事例的宣传报道，特别是政府支持民营企业家依法维权的典型案例，评选公职人员助商护商、领导干部培育民营企业家精神的典型人物和事迹，形成典型示范效应。

（三）依法保护企业家合法权益，营造有利于企业家创业创新创造的法治环境

（1）引导民营企业依法经营、依法治企、依法维权

加强对企业家的法治宣传，建立健全企业家诚信经营约束机制，着力培育企业家法制意识和诚信精神。进一步打通商会、工商联、司法部门多方联动的维权通道，强化四川省民营企业法律维权服务中心功能建设，完善定期民营企业维权问题的会商制度和反馈制度。开展法律进企业进商会活动，为民营企业提供法律咨询，做好个案维权，为企业发展营造良好的市场和法治环境。

（2）加强企业合法权益维护

司法机关在对涉嫌刑事犯罪的企业家采取强制措施时，要注意维护企业正常经营秩序和合法权益，在法律规定范围内，对不应当羁押的企业家，要及时依法变更强制措施。贯彻执行强化产权司法保护意见，依法建立因政策变化和调整等造成企业合法权益受损的补偿救济机制，对社会反映强烈的产权纠纷申诉案件进行审查，依法维护企业合法权益。依法采取查封、扣押、冻结措施和处置涉案财物时，必须坚持严格区分企业家违法所得和合法财产，严格区分企业家个人财产和企业法人财产，在处理企业犯罪时不得牵连企业家个人合法财产和家庭成员财产。

（3）营造有利于企业家创业创新创造的法治环境

切实增强司法机关依法办事能力，改进执法方式，提升执法水平，促进公正司法。充分发挥法律顾问参谋助手作用，不断提升依法决策水平。检察机关要强化刑事诉讼监督，监督涉及企业家案件的判决和裁定在认定事实、采信证据、适用法律等方面是否准确，对符合法定条件的依法提出抗诉。将公安机关违法动用刑事手段插手经济纠纷的案件作为刑事立案监督的工作重点，严防将民事纠纷当成刑事案件来处理。

（4）营造企业家自觉遵纪守法的社会氛围

①加强对企业家的法治宣传，强化企业家自觉遵纪守法意识。认真落实"谁执法谁普法"的普法责任制，开展以保护企业家合法权益为主题的法治宣传活动，采取送法到企、普法讲座、以案释法、公开庭审等方式，加强法治教育和宣传，引导企业家强化依法经营意识，明确法律红线和法律风险，让企业家依法办事、守法经营，增强自我保护意识，提升经营管

理的法治化水平。②建立健全企业家诚信经营约束机制，弘扬优秀企业家诚信精神。利用信息共享平台和公示系统，整合在公安、工商、财税、司法、行业协会等多个部门和领域的企业信息，录入企业家个人信用和诚信档案，建立健全商业贿赂犯罪档案查询系统和不守法诚信企业及其负责人"黑名单"制度。对市场经济活动中有违法失信记录的企业，依法依规限制其在申请贷款、工程招投标等方面的经济活动，在相关期限内不得授予该企业负责人政治荣誉或者给予政治安排。对于诚信经营、廉洁记录良好的企业，在资金、项目支持和企业负责人政治荣誉、政治安排等方面给予优先考虑。

（四）实施川商重点培育工程，积极营造能够聚光发光闪光的人才环境

（1）加强企业家队伍建设

以建立一支具有创新精神和创业能力、熟悉国内国际市场、精通企业管理的现代化、国际化企业家队伍为目标，完善企业家队伍建设长效机制。围绕规模大、效益好、创新强的大型企业集团、行业骨干企业、龙头企业等培养造就擅长国际化经营管理、富有创新精神和工匠精神、在省内具有影响力的企业家。实施川商培育"555"人才工程，在现有培育 5 000 名创新型企业家的基础上，以进入全国民企 500 强为目标，培育 50 名顶尖企业家，以进入全省民企 100 强为目标，培育 500 名领军企业家。加强企业家协会、企业联合会等行业协会建设，为川商人才队伍打造发展平台。

（2）加强职业经理人队伍建设

加快建设职业经理人市场，引导企业大力引进培养具有世界眼光和创新能力的复合型职业经理人。积极创造条件，逐步提高国有企业经营管理人才市场化选聘比例。支持企业充分利用国内国际人才资源，依托知名企业和重点项目，采取项目聘用、技术入股等形式，以更加开放灵活的人才培养、引进和使用机制，引进一批企业高级经营管理人才。健全企业家人才制度和企业家后备人才库。研究制定鼓励措施，对于优秀企业家所在企业，在申报项目、资金、试点、示范企业和研发、试验中心时，应当给予适当加分鼓励；对引进的企业家人才，在住房、医疗、家属工作安排、子女入托入学等方面给予优惠和便利。

（3）加强企业家培育机构和培训渠道建设

加大企业家队伍培训力度，依托培训机构和大型企业，按照市场化运作、企业化运营、政府补助相结合的方式，为企业家学习交流提供即时性、个性化、全天候平台。整合企业家培训各类资源，依托党校、行政学院、重点高校等培训机构，建设一批有影响力的企业家培训基地。选派优秀企业管理人员到国内外著名高校、专业机构和企业学习研修与进行高层次、国际化系统培训，着重培养和提高企业家创新发展、决策管理、资本运作、市场开拓和国际竞争能力。突出抓好青年企业家培养，实行青年企业家培养"导师制"，依托导师所在企业建立青年企业家培育中心，为优秀青年企业家到国内外卓越企业去考察、学习、实践锻炼创造条件。

（五）大力挖掘川商精神内涵，努力营造亲商重商利商的人文环境

明确川商精神的内涵实质是营造企业家精神的基础。川商精神的内涵提炼，既要基于现有文化背景和制度基础，又要将传统的企业家精神基于未来的前瞻性和发展趋势，进行创造性转化和发展。从历史维度看，四川人"吃苦耐劳、机警善辩，有自恃自治的精神"造就了川商典型的"不胜不休""血战到底"的坚韧精神。但与此同时，川商精神也受制于传统的"小富即安""享乐意识""过于谨慎"和"单打独斗"意识，需要对这些阻碍企业发展的消极元素进行创新性的引导和倡导。川商精神内涵的凝练，不是将单个企业家精神总结在一起，而是根据川商的时空坐标，基于积极倡导维度，建立一套川商精神的塑造、培育和弘扬体系。

树立川商形象、打造川商品牌。2019川商发展大会提出24字新时代川商精神：执着果敢、百折不回，明礼诚信、厚德务实，开拓创新、义行天下。新时代川商精神既传承历史基因，也融入时代特征；新时代川商精神既是精神引领，也是行为准则。600万川商的脚步遍布全球的同时，也把新时代川商精神向全球弘扬。广大川商聚焦实业、建设家乡，推动总部回归、项目回归、人才回归、资本回归，带动吸引更多企业汇聚四川、加盟四川。广大川商义利双行、造福桑梓，坚守川商人文精神，传承川商文化传统，在创造财富的同时，主动担当社会责任，树立起新时代川商以义取利、热心公益的良好形象。广大川商齐心协力、抱团发展，秉持"天下川商是一家"的合作理念，进一步整合资源、促进合作，不断提升川商品牌整体竞争力和影响力。

参考文献

程林顺，2021. 新时代推动民营经济人士履行社会责任的思考［J］. 广西
　社会主义学院学报（1）：33-37.

邓小平，1994. 邓小平文选：第 2 卷［M］. 北京：人民出版社.

都跃良，刘彬，2012. 非公有制经济人士精神的中国式解读［J］. 企业改
　革与管理（6）：37.

李蓉蓉，段萌琦，2019. 城镇化进程中中国新市民的身份迷失：身份认同
　危机的类型学研究［J］. 经济社会体制比较（3）：118-125.

林洁，2016-03-22. 为"新常态"下民营经济发展营造更好环境［N］. 深
　圳特区报.

苗建信息分析团队，（2021-01-22）［2022-12-01］.《人民日报》2020 年
　度民营企业报道分析［EB/OL］.https://www.163.com/dy/article/GOUVJCB
　RO531A76J.html.

齐珊，2019. 新时代国有企业改革发展面临的机遇与挑战［J］. 思想理论教
　育导刊（10）：58-62.

全国工商联，（2021-12-23）［2022-12-01］. 全国工商联发布《中国民营
　企业社会责任报告（2021）》［EB/OL］.https://baijiahao.baidu.com/s？i
　d=1719900144303583869&wfr=spider&for=pc.

全哲洙，2014. 中国民营企业社会责任研究报告［M］. 北京：中华工商联
　合出版社.

人民日报，（2019-12-26）［2022-12-01］. 个体私营经济有了更大舞台
　［EB/OL］.https://baijiahao.baidu.com/s？id=1653930300555543346&wfr=
　spider&for=pc.

四川省人民政府，（2022-02-09）［2022-12-01］. 2021 年四川民营经济发展
　情况［EB/OL］.https://www.sc.gov.cn/10462/c102950/2022/2/9/ea216280
　407c4413b5c44b510017d236. shtml.

四川省人民政府，（2022-03-14）［2022-12-01］. 2021 年四川省国民经济和社会发展统计公报［EB/OL］. https://www.sc.gov.cn/10462/c108715/2022/3/14/099b4e5265174012853dea414ac9fdf5.shtml.

统战新语，（2022-02-21）［2022-12-01］. 开展"优秀中国特色社会主义事业建设者"表彰活动［EB/OL］. http://www.zytzb.gov.cn/tzxy/367480.jhtml.

曾博文，2018. 新时代背景下中国信仰塑造探究［J］. 黑龙江省社会主义学院学报（2）：52-56.

中华工商网，（2021-07-14）［2022-12-01］.《四川省民营经济发展综合报告（2020）》发布［EB/OL］. https://baijiahao.baidu.com/s?id=1705229293855108483&wfr=spider&for=pc.

钟彤，2007. 新的社会阶层人士统战工作方针［J］. 四川统一战线（3）：20.

附录 A 政策汇编

中共中央 国务院关于促进
民营经济发展壮大的意见

（2023 年 7 月 14 日）

民营经济是推进中国式现代化的生力军，是高质量发展的重要基础，是推动我国全面建成社会主义现代化强国、实现第二个百年奋斗目标的重要力量。为促进民营经济发展壮大，现提出如下意见。

一、总体要求

以习近平新时代中国特色社会主义思想为指导，深入贯彻党的二十大精神，坚持稳中求进工作总基调，完整、准确、全面贯彻新发展理念，加快构建新发展格局，着力推动高质量发展，坚持社会主义市场经济改革方向，坚持"两个毫不动摇"，加快营造市场化、法治化、国际化一流营商环境，优化民营经济发展环境，依法保护民营企业产权和企业家权益，全面构建亲清政商关系，使各种所有制经济依法平等使用生产要素、公平参与市场竞争、同等受到法律保护，引导民营企业通过自身改革发展、合规经营、转型升级不断提升发展质量，促进民营经济做大做优做强，在全面建设社会主义现代化国家新征程中作出积极贡献，在中华民族伟大复兴历史进程中肩负起更大使命、承担起更重责任、发挥出更大作用。

二、持续优化民营经济发展环境

构建高水平社会主义市场经济体制，持续优化稳定公平透明可预期的发展环境，充分激发民营经济生机活力。

（一）持续破除市场准入壁垒。各地区各部门不得以备案、注册、年检、认定、认证、指定、要求设立分公司等形式设定或变相设定准入障碍。清理规范行政审批、许可、备案等政务服务事项的前置条件和审批标准，不得将政务服务事项转为中介服务事项，没有法律法规依据不得在政务服务前要求企业自行检测、检验、认证、鉴定、公证或提供证明等。稳步开展市场准入效能评估，建立市场准入壁垒投诉和处理回应机制，完善典型案例归集和通报制度。

（二）全面落实公平竞争政策制度。强化竞争政策基础地位，健全公平竞争制度框架和政策实施机制，坚持对各类所有制企业一视同仁、平等对待。强化制止滥用行政权力排除限制竞争的反垄断执法。未经公平竞争不得授予经营者特许经营权，不得限定经营、购买、使用特定经营者提供的商品和服务。定期推出市场干预行为负面清单，及时清理废除含有地方保护、市场分割、指定交易等妨碍统一市场和公平竞争的政策。优化完善产业政策实施方式，建立涉企优惠政策目录清单并及时向社会公开。

（三）完善社会信用激励约束机制。完善信用信息记录和共享体系，全面推广信用承诺制度，将承诺和履约信息纳入信用记录。发挥信用激励机制作用，提升信用良好企业获得感。完善信用约束机制，依法依规按照失信惩戒措施清单对责任主体实施惩戒。健全失信行为纠正后的信用修复机制，研究出台相关管理办法。完善政府诚信履约机制，建立健全政务失信记录和惩戒制度，将机关、事业单位的违约毁约、拖欠账款、拒不履行司法裁判等失信信息纳入全国信用信息共享平台。

（四）完善市场化重整机制。鼓励民营企业盘活存量资产回收资金。坚持精准识别、分类施策，对陷入财务困境但仍具有发展前景和挽救价值的企业，按照市场化、法治化原则，积极适用破产重整、破产和解程序。推动修订企业破产法并完善配套制度。优化个体工商户转企业相关政策，降低转换成本。

三、加大对民营经济政策支持力度

精准制定实施各类支持政策，完善政策执行方式，加强政策协调性，及时回应关切和利益诉求，切实解决实际困难。

（五）完善融资支持政策制度。健全银行、保险、担保、券商等多方共同参与的融资风险市场化分担机制。健全中小微企业和个体工商户信用评级和评价体系，加强涉企信用信息归集，推广"信易贷"等服务模式。支持符合条件的民营中小微企业在债券市场融资，鼓励符合条件的民营企业发行科技创新公司债券，推动民营企业债券融资专项支持计划扩大覆盖面、提升增信力度。支持符合条件的民营企业上市融资和再融资。

（六）完善拖欠账款常态化预防和清理机制。严格执行《保障中小企业款项支付条例》，健全防范化解拖欠中小企业账款长效机制，依法依规加大对责任人的问责处罚力度。机关、事业单位和大型企业不得以内部人员变更，履行内部付款流程，或在合同未作约定情况下以等待竣工验收批复、决算审计等为由，拒绝或延迟支付中小企业和个体工商户款项。建立拖欠账款定期披露、劝告指导、主动执法制度。强化商业汇票信息披露，完善票据市场信用约束机制。完善拖欠账款投诉处理和信用监督机制，加强对恶意拖欠账款案例的曝光。完善拖欠账款清理与审计、督查、巡视等制度的常态化对接机制。

（七）强化人才和用工需求保障。畅通人才向民营企业流动渠道，健全人事管理、档案管理、社会保障等接续的政策机制。完善民营企业职称评审办法，畅通民营企业职称评审渠道，完善以市场评价为导向的职称评审标准。搭建民营企业、个体工商户用工和劳动者求职信息对接平台。大力推进校企合作、产教融合。推进民营经济产业工人队伍建设，优化职业发展环境。加强灵活就业和新就业形态劳动者权益保障，发挥平台企业在扩大就业方面的作用。

（八）完善支持政策直达快享机制。充分发挥财政资金直达机制作用，推动涉企资金直达快享。加大涉企补贴资金公开力度，接受社会监督。针对民营中小微企业和个体工商户建立支持政策"免申即享"机制，推广告知承诺制，有关部门能够通过公共数据平台提取的材料，不再要求重复提供。

（九）强化政策沟通和预期引导。依法依规履行涉企政策调整程序，根据实际设置合理过渡期。加强直接面向民营企业和个体工商户的政策发布和解读引导。支持各级政府部门邀请优秀企业家开展咨询，在涉企政策、规划、标准的制定和评估等方面充分发挥企业家作用。

四、强化民营经济发展法治保障

健全对各类所有制经济平等保护的法治环境，为民营经济发展营造良好稳定的预期。

（十）依法保护民营企业产权和企业家权益。防止和纠正利用行政或刑事手段干预经济纠纷，以及执法司法中的地方保护主义。进一步规范涉产权强制性措施，避免超权限、超范围、超数额、超时限查封扣押冻结财产。对不宜查封扣押冻结的经营性涉案财物，在保证侦查活动正常进行的同时，可以允许有关当事人继续合理使用，并采取必要的保值保管措施，最大限度减少侦查办案对正常办公和合法生产经营的影响。完善涉企案件申诉、再审等机制，健全冤错案件有效防范和常态化纠正机制。

（十一）构建民营企业源头防范和治理腐败的体制机制。出台司法解释，依法加大对民营企业工作人员职务侵占、挪用资金、受贿等腐败行为的惩处力度。健全涉案财物追缴处置机制。深化涉案企业合规改革，推动民营企业合规守法经营。强化民营企业腐败源头治理，引导民营企业建立严格的审计监督体系和财会制度。充分发挥民营企业党组织作用，推动企业加强法治教育，营造诚信廉洁的企业文化氛围。建立多元主体参与的民营企业腐败治理机制。推动建设法治民营企业、清廉民营企业。

（十二）持续完善知识产权保护体系。加大对民营中小微企业原始创新保护力度。严格落实知识产权侵权惩罚性赔偿、行为保全等制度。建立知识产权侵权和行政非诉执行快速处理机制，健全知识产权法院跨区域管辖制度。研究完善商业改进、文化创意等创新成果的知识产权保护办法，严厉打击侵犯商业秘密、仿冒混淆等不正当竞争行为和恶意抢注商标等违法行为。加大对侵犯知识产权违法犯罪行为的刑事打击力度。完善海外知识产权纠纷应对指导机制。

（十三）完善监管执法体系。加强监管标准化规范化建设，依法公开监管标准和规则，增强监管制度和政策的稳定性、可预期性。提高监管公平性、规范性、简约性，杜绝选择性执法和让企业"自证清白"式监管。鼓励跨行政区域按规定联合发布统一监管政策法规及标准规范，开展联动执法。按照教育与处罚相结合原则，推行告知、提醒、劝导等执法方式，对初次违法且危害后果轻微并及时改正的依法不予行政处罚。

（十四）健全涉企收费长效监管机制。持续完善政府定价的涉企收费清单制度，进行常态化公示，接受企业和社会监督。畅通涉企违规收费投诉举报渠道，建立规范的问题线索部门共享和转办机制，综合采取市场监管、行业监管、信用监管等手段实施联合惩戒，公开曝光违规收费典型案例。

五、着力推动民营经济实现高质量发展

引导民营企业践行新发展理念，深刻把握存在的不足和面临的挑战，转变发展方式、调整产业结构、转换增长动力，坚守主业、做强实业，自觉走高质量发展之路。

（十五）引导完善治理结构和管理制度。支持引导民营企业完善法人治理结构、规范股东行为、强化内部监督，实现治理规范、有效制衡、合规经营，鼓励有条件的民营企业建立完善中国特色现代企业制度。依法推动实现企业法人财产与出资人个人或家族财产分离，明晰企业产权结构。研究构建风险评估体系和提示机制，对严重影响企业运营并可能引发社会稳定风险的情形提前预警。支持民营企业加强风险防范管理，引导建立覆盖企业战略、规划、投融资、市场运营等各领域的全面风险管理体系，提升质量管理意识和能力。

（十六）支持提升科技创新能力。鼓励民营企业根据国家战略需要和行业发展趋势，持续加大研发投入，开展关键核心技术攻关，按规定积极承担国家重大科技项目。培育一批关键行业民营科技领军企业、专精特新中小企业和创新能力强的中小企业特色产业集群。加大政府采购创新产品力度，发挥首台（套）保险补偿机制作用，支持民营企业创新产品迭代应用。推动不同所有制企业、大中小企业融通创新，开展共性技术联合攻关。完善高等学校、科研院所管理制度和成果转化机制，调动其支持民营中小微企业创新发展积极性，支持民营企业与科研机构合作建立技术研发中心、产业研究院、中试熟化基地、工程研究中心、制造业创新中心等创新平台。支持民营企业加强基础性前沿性研究和成果转化。

（十七）加快推动数字化转型和技术改造。鼓励民营企业开展数字化共性技术研发，参与数据中心、工业互联网等新型基础设施投资建设和应用创新。支持中小企业数字化转型，推动低成本、模块化智能制造设备和系统的推广应用。引导民营企业积极推进标准化建设，提升产品质量水平。支持民营企业加大生产工艺、设备、技术的绿色低碳改造力度，加快发展柔性制造，提升应急扩产转产能力，提升产业链韧性。

（十八）鼓励提高国际竞争力。支持民营企业立足自身实际，积极向核心零部件和高端制成品设计研发等方向延伸；加强品牌建设，提升"中国制造"美誉度。鼓励民营企业拓展海外业务，积极参与共建"一带一

路"，有序参与境外项目，在走出去中遵守当地法律法规、履行社会责任。更好指导支持民营企业防范应对贸易保护主义、单边主义、"长臂管辖"等外部挑战。强化部门协同配合，针对民营经济人士海外人身和财产安全，建立防范化解风险协作机制。

（十九）支持参与国家重大战略。鼓励民营企业自主自愿通过扩大吸纳就业、完善工资分配制度等，提升员工享受企业发展成果的水平。支持民营企业到中西部和东北地区投资发展劳动密集型制造业、装备制造业和生态产业，促进革命老区、民族地区加快发展，投入边疆地区建设推进兴边富民。支持民营企业参与推进碳达峰碳中和，提供减碳技术和服务，加大可再生能源发电和储能等领域投资力度，参与碳排放权、用能权交易。支持民营企业参与乡村振兴，推动新型农业经营主体和社会化服务组织发展现代种养业，高质量发展现代农产品加工业，因地制宜发展现代农业服务业，壮大休闲农业、乡村旅游业等特色产业，积极投身"万企兴万村"行动。支持民营企业参与全面加强基础设施建设，引导民营资本参与新型城镇化、交通水利等重大工程和补短板领域建设。

（二十）依法规范和引导民营资本健康发展。健全规范和引导民营资本健康发展的法律制度，为资本设立"红绿灯"，完善资本行为制度规则，集中推出一批"绿灯"投资案例。全面提升资本治理效能，提高资本监管能力和监管体系现代化水平。引导平台经济向开放、创新、赋能方向发展，补齐发展短板弱项，支持平台企业在创造就业、拓展消费、国际竞争中大显身手，推动平台经济规范健康持续发展。鼓励民营企业集中精力做强做优主业，提升核心竞争力。

六、促进民营经济人士健康成长

全面贯彻信任、团结、服务、引导、教育的方针，用务实举措稳定人心、鼓舞人心、凝聚人心，引导民营经济人士弘扬企业家精神。

（二十一）健全民营经济人士思想政治建设机制。积极稳妥做好在民营经济代表人士先进分子中发展党员工作。深入开展理想信念教育和社会主义核心价值观教育。教育引导民营经济人士中的党员坚定理想信念，发挥先锋模范作用，坚决执行党的理论和路线方针政策。积极探索创新民营经济领域党建工作方式。

（二十二）培育和弘扬企业家精神。引导民营企业家增强爱国情怀、勇于创新、诚信守法、承担社会责任、拓展国际视野，敢闯敢干，不断激发创新活力和创造潜能。发挥优秀企业家示范带动作用，按规定加大评选表彰力度，在民营经济中大力培育企业家精神，及时总结推广富有中国特色、顺应时代潮流的企业家成长经验。

（二十三）加强民营经济代表人士队伍建设。优化民营经济代表人士队伍结构，健全选人机制，兼顾不同地区、行业和规模企业，适当向战略性新兴产业、高技术产业、先进制造业、现代服务业、现代农业等领域倾斜。规范政治安排，完善相关综合评价体系，稳妥做好推荐优秀民营经济人士作为各级人大代表候选人、政协委员人选工作，发挥工商联在民营经济人士有序政治参与中的主渠道作用。支持民营经济代表人士在国际经济活动和经济组织中发挥更大作用。

（二十四）完善民营经济人士教育培训体系。完善民营经济人士专题培训和学习研讨机制，进一步加大教育培训力度。完善民营中小微企业培训制度，构建多领域多层次、线上线下相结合的培训体系。加强对民营经济人士的梯次培养，建立健全年轻一代民营经济人士传帮带辅导制度，推动事业新老交接和有序传承。

（二十五）全面构建亲清政商关系。把构建亲清政商关系落到实处，党政干部和民营企业家要双向建立亲清统一的新型政商关系。各级领导干部要坦荡真诚同民营企业家接触交往，主动作为、靠前服务，依法依规为民营企业和民营企业家解难题、办实事，守住交往底线，防范廉政风险，做到亲而有度、清而有为。民营企业家要积极主动与各级党委和政府及部门沟通交流，讲真话、说实情、建净言，洁身自好走正道，遵纪守法办企业，光明正大搞经营。

七、持续营造关心促进民营经济发展壮大社会氛围

引导和支持民营经济履行社会责任，展现良好形象，更好与舆论互动，营造正确认识、充分尊重、积极关心民营经济的良好社会氛围。

（二十六）引导全社会客观正确全面认识民营经济和民营经济人士。加强理论研究和宣传，坚持实事求是、客观公正，把握好正确舆论导向，引导社会正确认识民营经济的重大贡献和重要作用，正确看待民营经济人士通过合法合规经营获得的财富。坚决抵制、及时批驳澄清质疑社会主义基本经济制度、否定和弱化民营经济的错误言论与做法，及时回应关切、

打消顾虑。

（二十七）培育尊重民营经济创新创业的舆论环境。加强对优秀企业家先进事迹、加快建设世界一流企业的宣传报道，凝聚崇尚创新创业正能量，增强企业家的荣誉感和社会价值感。营造鼓励创新、宽容失败的舆论环境和时代氛围，对民营经济人士合法经营中出现的失误失败给予理解、宽容、帮助。建立部门协作机制，依法严厉打击以负面舆情为要挟进行勒索等行为，健全相关举报机制，降低企业维权成本。

（二十八）支持民营企业更好履行社会责任。教育引导民营企业自觉担负促进共同富裕的社会责任，在企业内部积极构建和谐劳动关系，推动构建全体员工利益共同体，让企业发展成果更公平惠及全体员工。鼓励引导民营经济人士做发展的实干家和新时代的奉献者，在更高层次上实现个人价值，向全社会展现遵纪守法、遵守社会公德的良好形象，做到富而有责、富而有义、富而有爱。探索建立民营企业社会责任评价体系和激励机制，引导民营企业踊跃投身光彩事业和公益慈善事业，参与应急救灾，支持国防建设。

八、加强组织实施

（二十九）坚持和加强党的领导。坚持党中央对民营经济工作的集中统一领导，把党的领导落实到工作全过程各方面。坚持正确政治方向，建立完善民营经济和民营企业发展工作机制，明确和压实部门责任，加强协同配合，强化央地联动。支持工商联围绕促进民营经济健康发展和民营经济人士健康成长更好发挥作用。

（三十）完善落实激励约束机制。强化已出台政策的督促落实，重点推动促进民营经济发展壮大、产权保护、弘扬企业家精神等政策落实落细，完善评估督导体系。建立健全民营经济投诉维权平台，完善投诉举报保密制度、处理程序和督办考核机制。

（三十一）及时做好总结评估。在与宏观政策取向一致性评估中对涉民营经济政策开展专项评估审查。完善中国营商环境评价体系，健全政策实施效果第三方评价机制。加强民营经济统计监测评估，必要时可研究编制统一规范的民营经济发展指数。不断创新和发展"晋江经验"，及时总结推广各地好经验好做法，对行之有效的经验做法以适当形式予以固化。

中共四川省委 四川省人民政府
关于促进民营经济健康发展的意见

（2018 年 11 月 16 日）

民营经济是社会主义市场经济发展的重要成果，是推动社会主义市场经济发展的重要力量，是推进供给侧结构性改革、推动高质量发展、建设现代化经济体系的重要主体，也是实现"两个一百年"奋斗目标和中华民族伟大复兴中国梦的重要力量。为深入贯彻习近平新时代中国特色社会主义思想，认真落实党中央、国务院促进民营经济发展决策部署，提振民营企业信心、激发民营经济活力，力争到 2022 年全省民营经济增加值占地区生产总值比重达到 60%、民间投资占全社会固定资产投资比重达到 50% 以上，民营经济市场主体活力迸发、创新能力显著增强、质量效益显著提升、发展环境显著优化，现结合我省实际提出如下意见。

一、进一步激发民间投资活力

（一）降低民营企业市场准入门槛。按照国家统一部署，进一步减少社会资本市场准入限制，全面实施市场准入负面清单，推动"非禁即入"普遍落实。进一步清理、精简涉及民间投资管理的行政审批事项，打破"卷帘门""玻璃门""旋转门"，降低民间资本进入基础设施和公用事业等领域的各类门槛，取消和减少阻碍民间投资进入养老、医疗等领域的附加条件，严禁在政府采购、城市基础设施建设和运营等公开招标中，以企业所有制性质、防止国有资产流失、保护公众安全等为由，单独对民营企业设置特殊条款。着力推进"最多跑一次"改革，压缩投资项目审批周期和企业开办时间。推行企业名称和住所申报改革，实施企业名称申报承诺制，放宽企业住所（经营场所）登记条件，推广小微企业集群登记模式，降低初创企业登记门槛。推广"证照分离"改革试点成果，推进"照后减证"，促进工商注册便利化。

（二）拓宽民营资本投资领域。健全促进民间投资健康发展的工作机制，动态调整政府核准投资项目目录，建立吸引民间资本投资重点领域项目库，建立向民间资本推介项目常态化机制，召开重点领域引进民间投资推介会，公开发布项目推介清单。探索建立激励机制，支持民营企业积极参与发展先进制造业、现代服务业、军民融合产业、乡村振兴和脱贫攻坚等。通过政府和社会资本合作（PPP）、投资补助、政府购买服务等方式，引导民营企业参与医疗机构、养老服务机构、教育机构、文化设施、体育设施建设运营。支持民营资本参股或组建相关产业投资基金、基础设施投资基金。鼓励民营企业参与国资国企和中央在川军工单位混合所有制改革，发展一批民间资本控股的混合所有制企业。

（三）促进民营企业公平参与市场竞争。落实公平竞争审查制度，清理和废止阻碍民营企业参与公平竞争的各项规定，加强反垄断执法和垄断行业监管，深入开展不正当竞争行为专项治理，严禁用市场支配地位排除、限制民间资本进入自然垄断行业的竞争性业务领域。严禁以限定经营、购买、使用特定经营者提供的商品和服务的方式限制竞争。全面落实招标投标法，倡导正当竞争，维护市场环境。建立完善民营企业诚信经营激励约束机制，建立信用承诺和信用公示制度，健全信用"红黑名单"制度，完善信用修复机制和异议处理机制，实施守信联合激励和失信联合惩戒。全面推行"双随机、一公开"监管，探索针对"互联网+"和共享经济等新模式新业态的包容审慎监管方式。

二、进一步降低民营企业经营成本

（四）全面落实税收优惠政策。在国家规定的税额幅度内，民营经济纳税人按上限享受增值税起征点、重点群体创业就业税收优惠等政策。各市（州）、县（市、区）政府根据实际情况，在规定的税额幅度内制定当地城镇土地使用税税额标准，报省政府批准后执行。全面落实国家有关促进小微企业发展的增值税、企业所得税政策，促进西部大开发所得税优惠政策，以及支持企业改制重组的契税、土地增值税减免等税收优惠政策。落实国家关于符合条件的高新技术企业减按15%的税率征收企业所得税、符合条件的技术转让所得减免企业所得税、研发费用加计扣除等税收政策。按国家部署落实增值税改革、个人所得税改革等税制改革措施。因有特殊困难不能按期缴纳税款的企业，可以依法申请延期缴纳税款。

（五）严格清理规范涉企收费。全面落实国家持续清理规范涉企行政事业性收费、加快推进涉企行政事业性收费零收费的各项政策。巩固我省省定涉企行政事业性收费零收费政策成果。不折不扣落实国家有关政府性基金减免政策。清理口岸收费，降低进出口环节合规成本，优化口岸营商环境，促进外贸稳定健康发展。进一步降低防空地下室易地建设费和特种设备检验检测费等行政事业性收费标准。审批部门在审批过程中委托开展的技术性服务活动，服务费用由审批部门支付并纳入部门预算。引导行业协会（商会）降低收费标准，一律禁止强制企业付费参加考核、评比、表彰等。围绕中介服务、交通、物流、工程建设、行业协会（商会）收费等重点领域开展专项监督检查行动，严肃查处违法违规收费行为。

（六）推动降低要素成本。积极降低人工成本，按照国家统一部署，落实降低社保缴费名义费率政策，稳定缴费方式，确保企业社保缴费实际负担有实质性下降；对符合条件的参保企业给予稳岗补贴；对招用就业困难人员的小微企业，按规定给予社会保险补贴和适当的岗位补贴，对招用毕业年度高校毕业生的小微企业，按规定给予社会保险补贴。稳妥处理企业未缴社保费等问题，严禁各地自行集中清缴。努力降低用电成本，支持园区内企业"打捆"参与电力市场交易，将符合条件的民营企业纳入省内电力市场化交易及留存电量、丰水期富余电量消纳政策实施范围，积极稳妥探索推进水电消纳产业示范区试点；通过清理转供电加价、临时性降低输配电价、降低政府性基金等措施，降低一般工商业电价。推动降低用气成本，加强省内天然气管道运输和配气价格监管，支持符合条件的民营企业天然气用户改"转供"为"直供"。积极降低用地成本，支持符合条件的民营企业项目列入省级重点项目，强化项目用地保障；属于我省优先发展产业且用地集约的工业项目，土地出让底价可按不低于所在地土地等别相对应工业用地最低价标准的70%执行；工业用地的竞得者可在规定期限内按合同约定分期缴纳土地出让价款，推进工业用地租赁、先租后让、租让结合和弹性年期出让供应；对民营企业投资非营利性教育、科研、体育、公共文化、医疗卫生、养老、社会福利、公用设施等设施用地，符合划拨用地目录的，可以按划拨方式供地；利用工业厂房、仓储用房等存量房产、建设用地资源兴办现代服务业项目的，可享受5年内不改变用地主体和规划条件的过渡期支持政策，过渡期满需办理改变用地主体和规划条件的手续时，除符合划拨用地目录的可保留划拨外，其余可以协议方式办理。大力培育和发展标准厂房租赁市场，对租用标准厂房的企业可给予租金优惠。有效降低物流成本，调整优化高速公路收费标准，对合法装载的货运车辆给予高速公路通行费优惠。实行货车年审、年检和尾气排放检验"三检合一"，推广高速公路货车通行费非现金支付，开展高速公路分时段差异化收费试点。

三、进一步缓解民营企业融资难融资贵

（七）加强民营企业信贷支持。引导银行业金融机构合理确定民营企业贷款期限、还款方式，适当提高中长期贷款比例。对符合授信条件但暂时经营困难的企业，不盲目抽贷、断贷。对成长型先进制造业企业，丰富合格抵（质）押品种类，合理确定抵（质）押率，在资金供给、贷款利率方面给予适当倾斜。督促金融机构根据企业的生产、建设、销售周期确定贷款期限、还款方式等。改革完善金融机构监管考核和内部激励机制，提高民营企业、小微企业金融服务在银行考核中的权重，引导银行业金融机构将新增信贷资源重点投向民营企业、小微企业。实施小微企业贷款差异化考核机制，降低利润考核权重，增加贷款户数等考核权重。用好再贷款、再贴现和降准资金，引导降低小微企业贷款综合融资成本。合理控制贷款资产质量，力争法人银行业机构总体实现单户授信总额 1 000 万元及以下小微企业贷款同比增速不低于各项贷款同比增速，有贷款余额的户数不低于上年同期水平的目标。支持银行机构在守住风险底线的基础上，对符合条件的小微企业开展无还本续贷业务。建立金融机构绩效考核与信贷投放挂钩的激励机制，落实年度贷款增量奖补、新增客户首贷奖补和小微企业贷款增量奖补政策。严格执行 "两禁两限" 规定，即禁止向小微企业贷款时收取承诺费、资金管理费，严格限制收取财务顾问费、咨询费。小微企业当年新招用包括高校毕业生在内的符合创业担保贷款申请条件的人员，达到条件的，可享受最高额度不超过 200 万元的创业担保贷款，财政部门按规定给予贴息。

（八）鼓励开展直接融资。支持民营企业规范化公司制改制，推进 "五千四百" 上市行动计划，鼓励企业利用多层次资本市场实现融资。支持股权融资，对在境内外主要资本市场首次公开发行股票上市融资的企业，给予 100 万元费用补助；对在新三板挂牌的企业给予 50 万元补助；对在天府（四川）联合股权交易中心挂牌且完成规范化公司制改制的规模以上企业给予 50 万元补助。支持符合条件的民营企业发行企业债、公司债、银行间市场债务融资工具、中小企业私募债、可转换为股票的公司债券等，每年给予企业最高 500 万元贴息，对中小微企业通过债券融资工具实现融资的给予 20 万元补助。鼓励市（州）、县（市、区）政府研究建立债券违约风险分担机制，对当地企业债券融资违约给予适当风险补贴，省级

财政按照市（州）、县（市、区）财政实际补贴额给予适当财力补助。支持民营企业市场化法治化债转股，所在地市（州）、县（市、区）政府可给予单户债权机构最高不超过 500 万元的奖励，省级财政按照市（州）、县（市、区）政府实际补贴的 50% 给予财力补助。积极支持省内符合条件的民营企业运用债务融资支持工具拓宽直接融资渠道。鼓励有条件的市（州）组建政策性民营企业纾困基金。

（九）加强融资创新服务。实施小微企业融资能力提升专项行动，完善融资担保服务体系。鼓励各地通过增加注资、并购重组等方式出资控股或参股政府性融资担保机构，按新增出资额的一定比例，给予最高 500 万元补助。鼓励融资担保机构对中小微企业提供融资担保，对提供服务的融资担保机构给予最高 500 万元业务补贴。为中小微企业提供贷款担保且符合条件的融资担保机构，根据国家融资担保业务降费奖补政策给予一定比例的保费补贴。支持金融机构开展存货、设备、金融资产等动产质押融资，完善知识产权质押融资保险、风险补偿和评估机制，推广"贷款+保险保证+财政风险补偿"等知识产权质押融资新模式，对发放专利质押贷款的金融机构给予一定奖励。支持中小微企业应收账款融资，对通过"中征应收账款服务平台"发放贷款且年度在线确认类应收账款贷款发放额达到一定规模或一定增幅的金融机构，给予最高 1 000 万元奖励，对相关核心企业给予最高 400 万元奖励。支持金融服务模式创新，推广"园保贷""支小贷"等分险模式，支持各地建立政银企担（保）多方合作的融资分险机制。开展小微企业信用贷款和小额贷款保证保险试点，引导金融机构向具有良好诚信、财务和管理水平的民营企业、小微企业发放更多的信用贷款。推广"盈创动力"投融资服务模式。引导各地完善应急转贷服务，用好用活应急转贷资金，减轻企业转贷压力，支持对符合经济结构优化升级方向、有前景的民营企业开展必要财务救助。

四、进一步提升民营企业竞争实力

（十）大力培育民营经济市场主体。支持"个转企"，个体工商户转型为企业的，允许保留原字号和行业特点；对转型过程中办理土地、设备权属划转，符合国家政策规定的，免收交易手续费。支持"小升规"，小微企业首次升级为规模以上企业，可由地方财政给予一次性奖励。培育"行业小巨人"和"隐形冠军"企业，支持中小企业"专精特新"发展。支持国家"千人计划"和国内外一流高校学术带头人等来川创办企业。引导各类政府性产业投资基金优先投资本土初创型、成长型中小微企业和潜在"独角兽"企业。对总部在川首次入围中国企业500强、中国民营企业500强的大企业大集团，给予激励。实施大企业大集团年营业收入新跨100亿元台阶激励。民营企业通过股权并购、增资扩股、股权置换、合法拍卖等方式成功实现兼并重组的，给予资金支持。

（十一）推进民营企业创新创业。积极引导民营企业创建高新技术企业和科技型中小企业。支持民营企业参与和承担国家级、省级重大科技专项、重点研发计划等，突破和掌握一批关键核心技术，加大对企业研发全流程扶持力度。支持民营企业建立和完善企业技术中心，建设重点实验室、工程实验室、工程研究中心等技术创新平台。支持行业内代表性民营企业牵头组建产业创新中心、制造业创新中心、技术创新中心、工程技术研究中心、产业技术研究院、高价值专利育成中心等新型研发组织。支持小微企业创新创业基地建设，高水平加快建设一批中小企业园区（集聚区），打造综合服务平台。支持大企业大集团带动产业链上下游中小企业创新发展。支持民营企业牵头或参与制定（修订）国际标准、国家标准、国家军用标准和行业标准。推广应用"科技创新券"，鼓励民营企业购买创新服务。对民营企业拥有自主知识产权且在我省研制生产的重大技术装备关键零部件首台（套）、药械首批次、新材料首批次、软件首版次等新产品，实行保险补偿和市场推广应用奖励。建立小微企业创新创业辅导师队伍，广泛开展创业指导服务。加强"投、贷、服"联动，全方位孵化"双创"优势项目。构建"双创"新模式、新生态，加快建设"互联网+中小微企业创新创业公共服务平台"，完善"创业苗圃+众创空间+孵化器+加速器+产业园区"的阶梯式创业孵化体系，支持大型民营企业和产业链核心企业向中小微企业共享"双创"资源，打造"创客天府"等创新创业大赛品牌。加强中小企业公共服务体系建设，优化全省公共服务平台网络，支持中小企业公共服务机构建设和运营，多形式、多层次地为民营中小微企业提供专业化服务。

（十二）着力提升民营企业管理水平。引导民营企业加快建立现代企业制度，进一步规范公司治理结构，确保规范运营。鼓励中小企业以增资扩股、股权转让、合资合作等方式引进战略投资者，实现公司产权多元化。支持民营企业实施股权激励，推进经营管理人员、研发技术人员和生产骨干持股。开展送管理、送技术、送渠道服务,引导民营企业对标国际国内一流企业,变革和创新管理,促进提质增效。对企业管理创新活动,可按规定予以适当补助。加大培育职业经理人队伍力度。在省"千人计划"等高层次人才项目评审中向民营企业适当倾斜。推行"天府英才卡"制度,完善人才服务保障体系。每年输送民营企业家和高层管理人员赴国内外著名高校或研究机构接受培训。支持民营企业职工参加岗位技能提升培训,按规定落实补贴政策。支持民营企业优秀技能人才参加"四川省技能大师""四川省技术能手"评选活动,创建技能大师工作室和高技能人才培训基地,大力培育"天府工匠"。建立和完善民营企业专业技术人员业绩档案,做好职称评审推荐申报,切实做到应评尽评。

(十三)支持民营企业开拓市场。支持民营企业到境外特别是"一带一路"沿线国家和地区开展投资经贸活动,为其人员及货物出入境和通关提供便利化服务。对民营企业直接或以"借船出海"方式对外承包工程、出口成套产品、技术或运营服务,支出的项目咨询、结售汇、投保政策性保险、融资信用担保等费用,地方财政可给予适当补助。支持民营企业参加国家或省上统一组织的境外重点展会。制定政府采购专门面向中小企业采购指导性预算,编制采购品目清单。采取预留采购份额、评审优惠、鼓励联合体投标和分包、鼓励融资支持等措施,加大政府采购对民营中小微企业的支持力度。其中,专门面向中小企业采购的份额不得少于部门年度政府采购项目预算总额的30%。推进"互联网+政府采购",搭建"政采贷"信用融资信息服务平台,为政府采购中标中小企业提供融资服务。以政府购买服务方式,支持民营医疗机构承接公共卫生、基本医疗、居家养老等公共服务。定期发布四川名优产品目录,开展优质产品(服务)与省内重大项目对接活动。

五、进一步加强民营企业合法权益保护

(十四)依法保护民营企业财产权。加快完善产权保护制度,加强对民营企业和企业家正当财富和合法财产的保护。对于侵害企业和企业家产权的行为,必须严肃查处、有错必究。在民事诉讼活动中,遵循既依法保护债权企业的合法权益,又充分关注债务企业正常生产经营活动的原则,做好企业财产保全工作。在刑事诉讼活动中,严格执行有关法律和司法解释,依法慎用拘留、逮捕等强制措施和查封、扣押、冻结等侦查措施,进

一步严格规范涉案财物处置程序，严禁违法使用刑事手段插手经济纠纷，防止选择性司法，加大对虚假诉讼和恶意诉讼的审查力度，对恶意利用诉讼打击竞争企业，破坏民营企业家信誉的，要区分情况依法处理。高度重视三角债问题，纠正一些政府部门、大企业利用优势地位以大欺小、拖欠民营企业款项的行为。对民营企业历史上的一些不规范行为，要以发展的眼光看问题，按照罪行法定、疑罪从无的原则处理。对涉及民营企业重大财产处置的产权纠纷申诉案件、民营企业和投资人申诉案件、企业改制纠纷案件依法甄别，确属事实不清、证据不足、适用法律错误的案件，要依法予以纠正并给予当事人相应赔偿。

（十五）依法保护民营企业创新权益。鼓励和支持民营企业运用知识产权参与市场竞争，支持企业改革创新，提升知识产权创造、运用、保护和管理能力，培育一批具有知识产权综合竞争力的优势企业。建立知识产权侵权查处快速反应机制，整合相关资源，统一裁判尺度，打击侵犯知识产权和制售假冒伪劣商品的行为。建立以知识产权市场价值为指引，补偿为主、惩罚为辅的侵权损害司法认定机制，推进完善全省知识产权审判技术专家库，有效完善技术事实的认定问题。探索建立知识产权惩罚性赔偿制度，着力解决实践中存在的侵权成本低和维权周期长、举证难、成本高、赔偿低的问题。

（十六）依法保护民营企业自主经营权。依法保证各类市场主体平等使用生产要素、公平参与市场竞争、同等受到法律保护。各地、各部门不得插手企业招投标和采购行为，不得插手企业工程建设，不得强迫企业提供赞助或捐赠、接受指定的检测、咨询服务等。要完善政策执行方式，提高政府部门履职水平，没有法律法规依据，不得要求企业停工停产或采取停水停电停气等措施限制企业正常生产经营活动，不得随意实施检查和罚款；在安监、环保等领域，执行政策不得搞"一刀切"。有关行业协会（商会）不得强制或变相强制企业入会，不得干预会员企业的生产经营活动。推进企业"执行不能"案件移送破产审查，不得为企业破产案件受理设置法律规定以外的条件。

（十七）建立完善民营企业合法权益保护机制。纪检监察机关履行职责时，要保障企业经营者合法的人身和财产权益，保障企业合法经营。建立全省统一的企业维权服务平台，做好与全国企业维权服务平台对接，统一受理民营企业诉求，实现市（州）、县（市、区）分级办理。加大司法救助力度，开展法律帮扶。加强行政执法监督，完善"两法衔接"机制。发挥行业协会（商会）自律和维护成员权益作用。支持和鼓励工商联、行业协会（商会）依法设立商事纠纷专业调解机构，发挥专业调解机构化解专业或行业领域纠纷的重要作用，强化诉调对接机制，促进商事纠纷快速化解。开展政务失信专项治理。

六、进一步强化组织保障

（十八）加强统筹协调。各级党委、政府要加强对促进民营经济发展工作的领导，健全相应工作机制，加大统筹协调和服务力度。加强民营企业党的建设，扩大党的组织和工作覆盖面。构建"亲""清"新型政商关系，建立各级党政领导干部联系重点民营企业和行业协会（商会）制度，各地、各有关部门要立足职能职责强化部门协同、上下联动，经常听取民营企业反映和诉求，积极作为、靠前服务，帮助解决实际困难。

（十九）加强政策落实。建立统一的涉企政策发布平台，加强涉及民营经济相关政策的宣传解读。完善各类涉企政策的咨询、论证、公示等制度，组织开展政策措施落实效果第三方评估。各地、各有关部门要从实际出发，加强政策协调性，细化、量化政策措施，制定相关配套举措，推动各项政策落地、落细、落实；要结合改革督察工作，对加强产权保护等有利于民营企业发展的重要改革方案进行专项督察。

（二十）加强激励考核。强化对发展民营经济工作的考核，把民营经济发展情况纳入对各地政府激励考核事项，纳入干部考核考察范围。建立民营企业评议政府相关职能部门工作机制，对民营企业反映的合理合法问题办理不力、政策执行不到位的责任单位和责任人进行通报、问责，建立省民营经济发展软环境评价机制，促进全省民营经济健康发展。

关于加强新时代民营经济统战工作的意见

（2020 年 9 月 15 日）

改革开放以来，我国民营经济持续快速发展，党的民营经济统战工作不断开拓创新。党的十八大以来，以习近平同志为核心的党中央提出一系列新理念新思想新战略，采取一系列重大举措，指导和推动民营经济统战工作取得显著成绩。同时也要看到，中国特色社会主义进入新时代，民营经济规模不断扩大、风险挑战明显增多，民营经济人士的价值观念和利益诉求日趋多样，民营经济统战工作面临新形势新任务。为深入贯彻落实党中央重大决策部署，进一步加强党对民营经济统战工作的领导，更好把民营经济人士的智慧和力量凝聚到实现中华民族伟大复兴的目标任务上来，现提出如下意见。

一、重要意义

（一）加强民营经济统战工作是实现党对民营经济领导的重要方式。民营经济作为我国经济制度的内在要素，始终是坚持和发展中国特色社会主义的重要经济基础；民营经济人士作为我们自己人，始终是我们党长期执政必须团结和依靠的重要力量。充分认识民营经济对我国经济社会发展的重要性，充分认识民营经济存在和发展的长期性、必然性，推动新时代民营经济统战工作创新发展，有利于不断增强党对民营经济的领导力，把广大民营经济人士更加紧密地团结在党的周围，凝聚起同心共筑中国梦的磅礴力量。

（二）加强民营经济统战工作是发展完善中国特色社会主义制度的重要内容。坚持和完善中国特色社会主义制度、推进国家治理体系和治理能力现代化，必须始终坚持和完善我国基本经济制度，毫不动摇巩固和发展公有制经济，毫不动摇鼓励、支持、引导民营经济发展。做好民营经济统战工作，有利于激发民营经济人士在深化改革扩大开放、参与国家治理中的积极性、主动性，发挥市场在资源配置中的决定性作用，更好发挥政府作用，充分彰显中国特色社会主义的制度优势。

（三）加强民营经济统战工作是促进民营经济高质量发展的重要保障。

深化供给侧结构性改革，实现经济高质量发展，迫切需要民营企业加快转型升级，提高民营企业家队伍整体素质。加强民营经济统战工作，有利于引导民营经济人士坚定发展信心、提高创新能力，鼓励支持民营企业转变发展方式、调整产业结构、转换增长动力，推动民营经济更好发展。

二、总体要求

（四）指导思想。以习近平新时代中国特色社会主义思想为指导，全面贯彻党的十九大和十九届二中、三中、四中全会精神，紧紧围绕统筹推进"五位一体"总体布局、协调推进"四个全面"战略布局，全面提高党领导民营经济统战工作的能力水平，切实加强民营经济统战工作，教育引导民营经济人士增强"四个意识"、坚定"四个自信"、做到"两个维护"，坚定不移听党话、跟党走，为实现"两个一百年"奋斗目标、实现中华民族伟大复兴的中国梦作出更大贡献。

（五）基本原则。坚持党对民营经济统战工作的领导，始终从政治和全局高度谋划推进工作；坚持"两个毫不动摇"，进一步增强党对民营经济人士的领导力和凝聚力；坚持构建亲清政商关系，优化营商环境，促进形成良好政治生态；坚持信任、团结、服务、引导、教育方针，正确处理一致性和多样性关系，一手抓鼓励支持，一手抓教育引导，不断增进民营经济人士在党的领导下走中国特色社会主义道路的政治共识。

三、加强民营经济人士思想政治建设

高举爱国主义、社会主义旗帜，加大政治引领和思想引导力度，不断筑牢民营经济人士思想政治工作基础。

（六）巩固扩大政治共识。教育引导民营经济人士用习近平新时代中国特色社会主义思想武装头脑、指导实践，在政治立场、政治方向、政治原则、政治道路上同党中央保持高度一致，始终做政治上的明白人。进一步加强民营企业党建工作，切实发挥党组织的战斗堡垒作用和党员的先锋模范作用。大力宣传党中央关于民营经济发展的大政方针，进一步推动思想理论创新，及时回应广大民营经济人士思想关切。各级党委统战部门要落实民营经济领域意识形态工作责任制，做到守土有责、守土负责、守土尽责。

（七）深化理想信念教育。持续深入开展理想信念教育实践活动，创新教育形式和话语体系，不断扩大覆盖面，提升实效性。依托革命老区、贫困地区、改革开放前沿地区等主题教育示范基地，加强世情国情党情教育，引导民营经济人士不断增进对中国共产党和中国特色社会主义的政治认同、思想认同、情感认同。发挥党员民营企业家、民营经济代表人士在理想信念教育中的示范作用，充分调动广大民营经济人士的主观能动性，加强自我学习、自我教育、自我提升。

（八）加大思想引导力度。引导民营经济人士增强自律意识，筑牢思想道德防线，严格规范自身言行，培养健康生活情趣，塑造良好公众形象。完善联谊交友、谈心交流制度，广交深交挚友诤友，打造一支关键时刻靠得住、用得上的民营经济人士骨干队伍。按照"团结—批评—团结"原则，扩大团结面、体现包容性。

（九）倡导争做"四个典范"。强化价值观引领，引导民营经济人士树立正确的国家观、法治观、事业观、财富观，做爱国敬业、守法经营、创业创新、回报社会的典范。深化中国梦宣传教育，引导民营经济人士树立家国情怀，以产业报国、实业强国为己任，脚踏实地干事，谦虚低调做人。注重发挥典型案例的警示作用，开展常态化法治宣传和警示教育，筑牢依法合规经营底线，倡导重信誉、守信用、讲信义，不断提升民营经济人士法治修养和道德水准。大力弘扬优秀企业家精神和工匠精神，充分激发创新活力和创造潜能。倡导义利兼顾、以义为先理念，坚持致富思源、富而思进，认真履行社会责任，大力构建和谐劳动关系，积极参与光彩事业、精准扶贫和公益慈善事业，克服享乐主义和奢靡之风，做到富而有德、富而有爱、富而有责。

四、建设高素质民营经济代表人士队伍

坚持党管人才原则，遵循民营经济人士成长规律，以提高素质、优化结构、发挥作用为目标，建设一支高素质、有担当的民营经济代表人士队伍。

（十）明确工作范围。统战工作要面向所有民营企业和民营经济人士，工作对象主要包括民营企业主要出资人、实际控制人，民营企业中持有股份的主要经营者，民营投资机构自然人大股东，以民营企业和民营经济人士为主体的工商领域社会团体主要负责人，相关社会服务机构主要负责人，民营中介机构主要合伙人，在内地投资的港澳工商界人士，有代表性

的个体工商户。

（十一）健全选人机制。扩大选人视野，兼顾不同地区和行业、大中型企业和小微企业，建立民营经济代表人士数据库和人才库。拓宽人才发现渠道，发挥人才主管部门、统战部门、行业主管部门的作用，构建与民营经济人士健康成长相适应的人才工作体系。优化代表人士队伍结构，适当向战略性新兴产业、高技术产业、先进制造业、现代服务业、现代农业等领域倾斜，培养壮大坚定不移跟党走、一心一意谋发展的民营经济人士队伍。

（十二）加强教育培养。做好民营经济代表人士队伍建设规划，形成规范化常态化教育培养体系。充分发挥民营经济人士优秀中国特色社会主义事业建设者表彰的激励作用，进一步扩大其社会影响。以弘扬优秀传统文化、优秀企业家精神为主要内容，加强对民营企业家的教育培训。地方各级党校（行政学院）注意加强对党员民营经济人士的教育培训。坚持政治标准，积极稳妥做好在民营经济代表人士优秀分子中发展党员工作，把政治素质好、群众认可度高、符合党员条件的民营经济代表人士及时吸收到党内来。所在单位没有党组织的，县级以上党委（党组）组织人事部门可直接做好联系培养工作。

（十三）规范政治安排。坚持思想政治强、行业代表性强、参政议政能力强、社会信誉好的选人用人标准，严把人选政治关和遵纪守法关，并按规定事先征求企业党组织和各有关方面的意见。完善民营经济代表人士综合评价体系，确保选人用人质量。做好民营企业家担任省级工商联主席试点工作。稳妥做好推荐优秀民营企业家作为各级人大、政协常委会组成人员人选工作，把好入口关。开展聘请民营企业家担任特约检察员、特约监察员工作。引导民营经济代表人士强化履职尽责意识，建立健全履职考核制度和退出机制。

（十四）加大年轻一代培养力度。制定实施年轻一代民营经济人士健康成长促进计划，加大教育培养力度。发挥老一代民营企业家的传帮带作用，大力弘扬中华民族传统美德，注重家庭、家教和家风建设，引导年轻一代继承发扬听党话、跟党走的光荣传统，努力实现事业新老交接和有序传承。

五、支持服务民营经济高质量发展

坚持围绕中心、服务大局，促进民营经济高质量发展，是民营经济统战工作的题中应有之义，是衡量工作成效的重要标准。

（十五）推动践行新发展理念。加强形势政策教育，大力选树先进典型，引导民营经济人士按照新发展理念谋划推进企业改革发展，充分利用政府搭建的各类产学研用对接平台，发挥民营企业在科技创新和成果转化中的积极作用。深入开展调查研究，及时反映和推动解决民营企业转型升级面临的体制机制性障碍。引导民营经济人士坚持稳中求进，坚守实业、做强主业，强化底线思维，增强风险意识，有效防范化解经营风险特别是金融风险。

（十六）鼓励参与国家重大战略。依托统一战线组织动员民营经济人士投身创新驱动发展战略等国家重大战略，在服务国家经济建设大局中实现企业发展，提升思想境界和事业格局。加强与重点国家和地区工商领域社会团体及其驻华机构的交流合作，在相关国际合作机制中充分发挥工商联作用。引导民营企业积极参与"一带一路"建设，自觉维护国家利益，树立中国民营企业良好形象。

（十七）支持投身全面深化改革。引导民营经济人士正确对待改革带来的利益调整，理解改革、支持改革、参与改革，为全面深化改革建睿智之言、献务实之策。鼓励民营企业参与混合所有制改革。引导民营企业完善法人治理结构，探索建立中国特色现代企业制度。推动民营企业主动加强与世界一流企业和优秀国有企业交流合作，不断提升经营能力和管理水平。

（十八）不断优化营商环境。以促进市场公平竞争、平等保护产权为关键，推动构建市场化、法治化、国际化的营商环境。教育引导民营经济人士树立法律意识，坚持守法经营，自觉维护公平开放透明的市场规则。加强民营经济统计和监测分析，大力推进服务管理创新。充分发挥工商联和商会的优势作用，积极参与营商环境评价，主动配合有关部门开展依法甄别纠正侵害民营企业产权错案冤案、防范和处置拖欠民营企业账款等工作。

六、建立健全政企沟通协商制度

推动构建亲清政商关系，是民营经济统战工作的重要任务。依托统一战线开展政企沟通协商，是构建亲清政商关系的关键之举。

（十九）规范沟通协商内容。包括经济形势和民营经济发展状况分析研判，经济社会发展和产业发展规划、年度经济工作部署、重要改革举措和涉企政策，重要涉企法律法规制定和修改，优化营商环境、构建亲清政商关系情况，民营企业发展面临的普遍性问题，重点骨干民营企业风险防范和危机处置等。

（二十）创新沟通协商形式。各级党委和政府及有关部门就协商事项事先听取民营企业和行业协会商会代表意见建议。各级党委和政府主要负责同志通过与民营企业和行业协会商会代表座谈恳谈等方式，沟通有关情况，聚焦发展难题，共商解决办法，并建立健全沟通成果督办和反馈机制。建立民营经济代表人士专题调研制度，每年开展重点考察调研，党政领导和有关部门要认真听取调研提出的意见建议。民营经济占比较大的地方，党委和政府召开经济工作会议和涉及民营经济发展的会议，人大制定修改相关地方性法规，可邀请民营企业和行业协会商会代表参加。有关部门制定行业标准和规范，一般应委托行业协会商会提出意见。

（二十一）加强对商会和民营企业的联系服务。建立党政领导干部联系商会制度，以行业类、专业类商会和乡镇、街道商会为重点，畅通商会向党委和政府反映情况、提出建议的渠道。规范党政领导干部与民营经济人士联系交往，制定正面和负面清单，激励干部主动作为、靠前服务，督促干部守住交往底线、防范廉政风险，做到"亲"而有度、"清"而有为。统战部门、工商联要积极主动深入民营企业，及时反映并帮助解决困难和问题。

（二十二）完善民营企业诉求反映和权益维护机制。引导民营经济人士依法理性反映诉求、维护权益。依法维护企业正常经营秩序，尊重和保护企业家合法人身和财产权益。健全调解、仲裁、诉讼等多元化纠纷解决机制，及时有效化解民营企业民商事纠纷。

七、切实发挥工商联和商会作用

工商联及所属商会是民营经济统战工作的重要组织依托。要深入推进工商联改革和建设，培育和发展中国特色商会组织，推动统战工作向商会组织有效覆盖。

（二十三）推进工商联改革发展。围绕促进"两个健康"工作主题，坚持政治建会、团结立会、服务兴会、改革强会，积极探索彰显统战性、经济性、民间性有机统一优势的组织体制、运行机制和活动方式，不断增强工商联的凝聚力、执行力、影响力。充分发挥工商联在民营经济人士思想政治建设中的引导作用，在民营经济人士有序政治参与中的主渠道作用，在民营企业改革发展中的服务作用，在保障和改善民生、创新社会治理中的协同作用，在依法平等保护产权方面的民主监督作用，努力把工商联建成"民营经济人士之家"。积极探索更好发挥工商联作为民间商会（总商会）功能的有效形式。创新服务、培训和维权平台载体，加快推进"网上工商联"建设，进一步提升工作整体效能。

（二十四）推动统战工作向商会组织有效覆盖。加强工商联所属商会党建工作，探索完善工商联党组织领导和管理所属商会党建工作的有效机制。探索在工商联所属商会党组织中建立统战工作联络员制度。积极培育和发展工商联所属商会，使商会组织覆盖民营经济发展各个行业和领域。鼓励引导民营企业加入商会，商会发展会员不得设立资产规模等门槛。对以民营企业和民营经济人士为主体的行业协会商会，工商联要加强联系、指导和服务。将适宜由商会提供的公共服务职能转移或委托给商会承担。通过政府购买服务等方式，支持帮助商会更好承接公共服务、参与社会服务。鼓励有条件的地方出台地方性法规或政府规章，规范和促进行业协会商会发展。加快推进工商联所属商会依法登记注册。

（二十五）引导民营企业家相关组织规范有序发展。按照摸清情况、主动联系、依法监管、积极引导的工作方针，做好民营企业家相关组织工作。未经社团登记注册的企业家相关组织不得从事社团活动，对经市场监管部门登记但主要开展社团活动的企业家相关组织进行清理整顿，对其中符合条件的依法进行社会组织登记管理。加强对企业家相关组织举办论坛、研讨、讲堂、沙龙等活动的引导和管理。

八、加强党对民营经济统战工作的领导

民营经济统战工作是全党的重要工作。要把加强民营经济统战工作摆上重要议事日程，在党委统一领导下，形成各方面既明确分工又高效协同的民营经济统战工作格局。

（二十六）完善领导体制机制。各级党委要依托统一战线工作领导小组，建立完善民营经济统战工作协调机制，定期研究部署、统筹推进民营经济统战工作。要充分发挥党委统战部门在民营经济统战工作中的牵头协调作用，发挥工商联的桥梁纽带和助手作用。

（二十七）强化组织保障。充实民营经济统战工作力量，按照既精通统战工作又熟悉经济工作的要求，选好配强统战部相关业务部门和工商联机关干部。工作任务重的市、县党委统战部门要统筹现有资源，充实工作力量，保障工作开展。

（二十八）加强能力建设。加强教育培训，注重实践锻炼，全面提升民营经济统战干部队伍整体素质，进一步增强从全局把握问题能力、应对风险挑战能力、沟通协调能力、开拓创新能力，为做好新时代民营经济统战工作提供有力支撑。

国务院办公厅关于深化商事制度改革进一步为企业松绑减负激发企业活力的通知

国办发〔2020〕29号

各省、自治区、直辖市人民政府，国务院各部委、各直属机构：

党中央、国务院高度重视商事制度改革。近年来，商事制度改革取得显著成效，市场准入更加便捷，市场监管机制不断完善，市场主体繁荣发展，营商环境大幅改善。但从全国范围看，"准入不准营"现象依然存在，宽进严管、协同共治能力仍需强化。为更好统筹推进新冠肺炎疫情防控和经济社会发展，加快打造市场化、法治化、国际化营商环境，充分释放社会创业创新潜力、激发企业活力，经国务院同意，现将有关事项通知如下：

一、推进企业开办全程网上办理

（一）全面推广企业开办"一网通办"。2020年年底前，各省、自治区、直辖市和新疆生产建设兵团全部开通企业开办"一网通办"平台，做到企业开办全程网上办理，进一步压减企业开办时间至4个工作日内或更少。在此基础上，探索推动企业开办标准化、规范化试点。

（二）持续提升企业开办服务能力。依托"一网通办"平台，推行企业登记、公章刻制、申领发票和税控设备、员工参保登记、住房公积金企业缴存登记线上"一表填报"申请办理。具备条件的地方实现办齐的材料线下"一个窗口"一次领取，或者通过寄递、自助打印等实现不见面办理。在加强监管、保障安全前提下，大力推进电子营业执照、电子发票、电子印章在更广领域运用。

二、推进注册登记制度改革取得新突破

（三）加大住所与经营场所登记改革力度。支持各省级人民政府统筹开展住所与经营场所分离登记试点。市场主体可以登记一个住所和多个经营场所。对住所作为通信地址和司法文书（含行政执法文书）送达地登记，实行自主申报承诺制。对经营场所，各地可结合实际制定有关管理措施。对于市场主体在住所以外开展经营活动、属于同一县级登记机关管辖的，免于设立分支机构，申请增加经营场所登记即可，方便企业扩大经营规模。

（四）提升企业名称自主申报系统核名智能化水平。依法规范企业名称登记管理工作，运用大数据、人工智能等技术手段，加强禁限用字词库实时维护，提升对不适宜字词的分析和识别能力。推进与商标等商业标识数据库的互联共享，丰富对企业的告知提示内容。探索"企业承诺+事中事后监管"，减少"近似名称"人工干预。加强知名企业名称字号保护，建立名称争议处理机制。

三、简化相关涉企生产经营和审批条件

（五）推动工业产品生产许可证制度改革。将建筑用钢筋、水泥、广播电视传输设备、人民币鉴别仪、预应力混凝土铁路桥简支梁 5 类产品审批下放至省级市场监管部门。健全严格的质量安全监管措施，加强监督指导，守住质量安全底线。进一步扩大告知承诺实施范围，推动化肥产品由目前的后置现场审查调整为告知承诺。开展工业产品生产许可证有关政策、标准和技术规范宣传解读，加强对企业申办许可证的指导，帮助企业便利取证。

（六）完善强制性产品认证制度。扩大指定认证实施机构范围，提升实施机构的认证检测一站式服务能力，便利企业申请认证检测。防爆电气、燃气器具和大容积冰箱转为强制性产品认证费用由财政负担。简化出口转内销产品认证程序。督促指导强制性产品指定认证实施机构通过开辟绿色通道、接受已有合格评定结果、拓展在线服务等措施，缩短认证证书办理时间，降低认证成本。做好认证服务及技术支持，为出口转内销企业提供政策和技术培训，精简优化认证方案，安排专门人员对认证流程进行跟踪，合理减免出口转内销产品强制性产品认证费用。

（七）深化检验检测机构资质认定改革。将疫情防控期间远程评审等应急措施长效化。2021 年在全国范围内推行检验检测机构资质认定告知承诺制。全面推行检验检测机构资质认定网上审批，完善机构信息查询功能。

（八）加快培育企业标准"领跑者"。优化企业标准"领跑者"制度机制，完善评估方案，推动第三方评价机构发布一批企业标准排行榜，形

成 2020 年度企业标准"领跑者"名单，引导更多企业声明公开更高质量的标准。

四、加强事中事后监管

（九）加强企业信息公示。以统一社会信用代码为标识，整合形成更加完善的企业信用记录，并通过国家企业信用信息公示系统、"信用中国"网站或中国政府网及相关部门门户网站等渠道，依法依规向社会公开公示。

（十）健全失信惩戒机制。落实企业年报"多报合一"政策，进一步优化工作机制，大力推行信用承诺制度，健全完善信用修复、强制退出等制度机制。依法依规运用各领域严重失信名单等信用管理手段，提高协同监管水平，加强失信惩戒。

（十一）推进实施智慧监管。在市场监管领域，进一步完善以"双随机、一公开"监管为基本手段、以重点监管为补充、以信用监管为基础的新型监管机制。健全完善缺陷产品召回制度，督促企业履行缺陷召回法定义务，消除产品安全隐患。推进双随机抽查与信用风险分类监管相结合，充分运用大数据等技术，针对不同风险等级、信用水平的检查对象采取差异化分类监管措施，逐步做到对企业信用风险状况以及主要风险点精准识别和预测预警。

（十二）规范平台经济监管行为。坚持审慎包容、鼓励创新原则，充分发挥平台经济行业自律和企业自治作用，引导平台经济有序竞争，反对不正当竞争，规范发展线上经济。依法查处电子商务违法行为，维护公平有序的市场秩序，为平台经济发展营造良好营商环境。

各地区、各部门要认真贯彻落实本通知提出的各项任务和要求，聚焦企业生产经营的堵点痛点，加强政策统筹协调，切实落实工作责任，认真组织实施，形成工作合力。市场监管总局要会同有关部门加强工作指导，及时总结推广深化商事制度改革典型经验做法，协调解决实施中存在的问题，确保各项改革措施落地见效。

国务院办公厅关于进一步优化营商环境
更好服务市场主体的实施意见

国办发〔2020〕24 号

各省、自治区、直辖市人民政府，国务院各部委、各直属机构：

党中央、国务院高度重视深化"放管服"改革优化营商环境工作。近年来，我国营商环境明显改善，但仍存在一些短板和薄弱环节，特别是受新冠肺炎疫情等影响，企业困难凸显，亟需进一步聚焦市场主体关切，对标国际先进水平，既立足当前又着眼长远，更多采取改革的办法破解企业生产经营中的堵点痛点，强化为市场主体服务，加快打造市场化法治化国际化营商环境，这是做好"六稳"工作、落实"六保"任务的重要抓手。为持续深化"放管服"改革优化营商环境，更大激发市场活力，增强发展内生动力，经国务院同意，现提出以下意见。

一、持续提升投资建设便利度

（一）优化再造投资项目前期审批流程。从办成项目前期"一件事"出发，健全部门协同工作机制，加强项目立项与用地、规划等建设条件衔接，推动有条件的地方对项目可行性研究、用地预审、选址、环境影响评价、安全评价、水土保持评价、压覆重要矿产资源评估等事项，实行项目单位编报一套材料，政府部门统一受理、同步评估、同步审批、统一反馈，加快项目落地。优化全国投资项目在线审批监管平台审批流程，实现批复文件等在线打印。（国家发展改革委牵头，国务院相关部门及各地区按职责分工负责）

（二）进一步提升工程建设项目审批效率。全面推行工程建设项目分级分类管理，在确保安全前提下，对社会投资的小型低风险新建、改扩建项目，由政府部门发布统一的企业开工条件，企业取得用地、满足开工条件后作出相关承诺，政府部门直接发放相关证书，项目即可开工。加快推动工程建设项目全流程在线审批，推进工程建设项目审批管理系统与投资审批、规划、消防等管理系统数据实时共享，实现信息一次填报、材料一次上传、相关评审意见和审批结果即时推送。2020 年底前将工程建设项目审批涉及的行政许可、备案、评估评审、中介服务、市政公用服务等纳入线上平台，公开办理标准和费用。（住房城乡建设部牵头，国务院相关部门及各地区按职责分工负责）

（三）深入推进"多规合一"。抓紧统筹各类空间性规划，积极推进各类相关规划数据衔接或整合，推动尽快消除规划冲突和"矛盾图斑"。统一测绘技术标准和规则，在用地、规划、施工、验收、不动产登记等各阶段，实现测绘成果共享互认，避免重复测绘。（自然资源部牵头，住房城乡建设部等国务院相关部门及各地区按职责分工负责）

二、进一步简化企业生产经营审批和条件

（四）进一步降低市场准入门槛。围绕工程建设、教育、医疗、体育等领域，集中清理有关部门和地方在市场准入方面对企业资质、资金、股比、人员、场所等设置的不合理条件，列出台账并逐项明确解决措施、责任主体和完成时限。研究对诊所设置、诊所执业实行备案管理，扩大医疗服务供给。对于海事劳工证书，推动由政府部门直接受理申请、开展检查和签发，不再要求企业为此接受船检机构检查，且不收取企业办证费用。通过在线审批等方式简化跨地区巡回演出审批程序。（国家发展改革委、教育部、住房城乡建设部、交通运输部、商务部、文化和旅游部、国家卫生健康委、体育总局等国务院相关部门及各地区按职责分工负责）

（五）精简优化工业产品生产流通等环节管理措施。2020年底前将保留的重要工业产品生产许可证管理权限全部下放给省级人民政府市场监督管理部门。加强机动车生产、销售、登记、维修、保险、报废等信息的共享和应用，提升机动车流通透明度。督促地方取消对二手车经销企业登记注册地设置的不合理规定，简化二手车经销企业购入机动车交易登记手续。2020年底前优化新能源汽车免征车辆购置税的车型目录和享受车船税减免优惠的车型目录发布程序，实现与道路机动车辆生产企业及产品公告"一次申报、一并审查、一批发布"，企业依据产品公告即可享受相关税收减免政策。（工业和信息化部、公安部、财政部、交通运输部、商务部、税务总局、市场监管总局、银保监会等国务院相关部门按职责分工负责）

（六）降低小微企业等经营成本。支持地方开展"一照多址"改革，简化企业设立分支机构的登记手续。在确保食品安全前提下，鼓励有条件的地方合理放宽对连锁便利店制售食品在食品处理区面积等方面的审批要求，探索将食品经营许可（仅销售预包装食品）改为备案，合理制定并公布商户牌匾、照明设施等标准。鼓励引导平台企业适当降低向小微商户收取的平台佣金等服务费用和条码支付、互联网支付等手续费，严禁平台企业滥用市场支配地位收取不公平的高价服务费。在保障劳动者职业健康前提下，对职业病危害一般的用人单位适当降低职业病危害因素检测频次。在工程建设、政府采购等领域，推行以保险、保函等替代现金缴纳涉企保证金，减轻企业现金流压力。（市场监管总局、中央网信办、工业和信息化部、财政部、住房城乡建设部、交通运输部、水利部、国家卫生健康委、人民银行、银保监会等相关部门及各地区按职责分工负责）

三、优化外贸外资企业经营环境

（七）进一步提高进出口通关效率。推行进出口货物"提前申报"，企业提前办理申报手续，海关在货物运抵海关监管作业场所后即办理货物查验、放行手续。优化进口"两步申报"通关模式，企业进行"概要申报"且海关完成风险排查处置后，即允许企业将货物提离。在符合条件的监管作业场所开展进口货物"船边直提"和出口货物"抵港直装"试点。推行查验作业全程监控和留痕，允许有条件的地方实行企业自主选择是否陪同查验，减轻企业负担。严禁口岸为压缩通关时间简单采取单日限流、控制报关等不合理措施。（海关总署牵头，国务院相关部门及各地区按职责分工负责）

（八）拓展国际贸易"单一窗口"功能。加快"单一窗口"功能由口岸通关执法向口岸物流、贸易服务等全链条拓展，实现港口、船代、理货等收费标准线上公开、在线查询。除涉密等特殊情况外，进出口环节涉及的监管证件原则上都应通过"单一窗口"一口受理，由相关部门在后台分别办理并实施监管，推动实现企业在线缴费、自主打印证件。（海关总署牵头，生态环境部、交通运输部、农业农村部、商务部、市场监管总局、国家药监局等国务院相关部门及各地区按职责分工负责）

（九）进一步减少外资外贸企业投资经营限制。支持外贸企业出口产品转内销，推行以外贸企业自我声明等方式替代相关国内认证，对已经取得相关国际认证且认证标准不低于国内标准的产品，允许外贸企业作出符合国内标准的书面承诺后直接上市销售，并加强事中事后监管。授权全国所有地级及以上城市开展外商投资企业注册登记。（商务部、市场监管总局等国务院相关部门及各地区按职责分工负责）

四、进一步降低就业创业门槛

（十）优化部分行业从业条件。推动取消除道路危险货物运输以外的道路货物运输驾驶员从业资格考试，并将相关考试培训内容纳入相应等级机动车驾驶证培训，驾驶员凭培训结业证书和机动车驾驶证申领道路货物运输驾驶员从业资格证。改革执业兽医资格考试制度，便利兽医相关专业高校在校生报名参加考试。加快推动劳动者入职体检结果互认，减轻求职者负担。（人力资源社会保障部、交通运输部、农业农村部等国务院相关部门及各地区按职责分工负责）

（十一）促进人才流动和灵活就业。2021年6月底前实现专业技术人才职称信息跨地区在线核验，鼓励地区间职称互认。引导有需求的企业开展"共享用工"，通过用工余缺调剂提高人力资源配置效率。统一失业保险转移办理流程，简化失业保险申领程序。各地要落实属地管理责任，在保障安全卫生、不损害公共利益等条件下，坚持放管结合，合理设定流动摊贩经营场所。（人力资源社会保障部、市场监管总局、住房城乡建设部等国务院相关部门及各地区按职责分工负责）

（十二）完善对新业态的包容审慎监管。加快评估已出台的新业态准入和监管政策，坚决清理各类不合理管理措施。在保证医疗安全和质量前提下，进一步放宽互联网诊疗范围，将符合条件的互联网医疗服务纳入医保报销范围，制定公布全国统一的互联网医疗审批标准，加快创新型医疗器械审评审批并推进临床应用。统一智能网联汽车自动驾驶功能测试标准，推动实现封闭场地测试结果全国通用互认，督促封闭场地向社会公开测试服务项目及收费标准，简化测试通知书申领及异地换发手续，对测试通知书到期但车辆状态未改变的无需重复测试、直接延长期限。降低导航电子地图制作测绘资质申请条件，压减资质延续和信息变更的办理时间。（工业和信息化部、公安部、自然资源部、交通运输部、国家卫生健康委、国家医保局、国家药监局等国务院相关部门及各地区按职责分工负责）

（十三）增加新业态应用场景等供给。围绕城市治理、公共服务、政务服务等领域，鼓励地方通过搭建供需对接平台等为新技术、新产品提供更多应用场景。在条件成熟的特定路段及有需求的机场、港口、园区等区域探索开展智能网联汽车示范应用。建立健全政府及公共服务机构数据开放共享规则，推动公共交通、路政管理、医疗卫生、养老等公共服务领域和政府部门数据有序开放。（国家发展改革委牵头，中央网信办、工业和信息化部、公安部、民政部、住房城乡建设部、交通运输部、国家卫生健康委等相关部门及各地区按职责分工负责）

五、提升涉企服务质量和效率

（十四）推进企业开办经营便利化。全面推行企业开办全程网上办，提升企业名称自主申报系统核名智能化水平，在税务、人力资源社会保障、公积金、商业银行等服务领域加快实现电子营业执照、电子印章应用。放宽小微企业、个体工商户登记经营场所限制。探索推进"一业一证"改革，将一个行业准入涉及的多张许可证整合为一张许可证，实现"一证准营"、跨地互认通用。梳理各类强制登报公告事项，研究推动予以取消或调整为网上免费公告。加快推进政务服务事项跨省通办。（市场监管总局、国务院办公厅、司法部、人力资源社会保障部、住房城乡建设部、人民银行、税务总局、银保监会、证监会等国务院相关部门及各地区按职责分工负责）

（十五）持续提升纳税服务水平。2020年底前基本实现增值税专用发票电子化，主要涉税服务事项基本实现网上办理。简化增值税等税收优惠政策申报程序，原则上不再设置审批环节。强化税务、海关、人民银行等部门数据共享，加快出口退税进度，推行无纸化单证备案。（税务总局牵头，人民银行、海关总署等国务院相关部门按职责分工负责）

（十六）进一步提高商标注册效率。提高商标网上服务系统数据更新频率，提升系统智能检索功能，推动实现商标图形在线自动比对。进一步压缩商标异议、驳回复审的审查审理周期，及时反馈审查审理结果。2020年底前将商标注册平均审查周期压缩至4个月以内。（国家知识产权局负责）

（十七）优化动产担保融资服务。鼓励引导商业银行支持中小企业以应收账款、生产设备、产品、车辆、船舶、知识产权等动产和权利进行担保融资。推动建立以担保人名称为索引的电子数据库，实现对担保品登记状态信息的在线查询、修改或撤销。（人民银行牵头，国家发展改革委、公安部、交通运输部、市场监管总局、银保监会、国家知识产权局等国务院相关部门按职责分工负责）

六、完善优化营商环境长效机制

（十八）建立健全政策评估制度。研究制定建立健全政策评估制度的指导意见，以政策效果评估为重点，建立对重大政策开展事前、事后评估的长效机制，推进政策评估工作制度化、规范化，使政策更加科学精准、务实管用。（国务院办公厅牵头，各地区、各部门负责）

（十九）建立常态化政企沟通联系机制。加强与企业和行业协会商会的常态化联系，完善企业服务体系，加快建立营商环境诉求受理和分级办理"一张网"，更多采取"企业点菜"方式推进"放管服"改革。加快推进政务服务热线整合，进一步规范政务服务热线受理、转办、督办、反馈、评价流程，及时回应企业和群众诉求。（国务院办公厅牵头，国务院相关部门和单位及各地区按职责分工负责）

（二十）抓好惠企政策兑现。各地要梳理公布惠企政策清单，根据企业所属行业、规模等主动精准推送政策，县级政府出台惠企措施时要公布相关负责人及联系方式，实行政策兑现"落实到人"。鼓励推行惠企政策"免申即享"，通过政府部门信息共享等方式，实现符合条件的企业免予申报、直接享受政策。对确需企业提出申请的惠企政策，要合理设置并公开申请条件，简化申报手续，加快实现一次申报、全程网办、快速兑现。（各地区、各部门负责）

各地区、各部门要认真贯彻落实本意见提出的各项任务和要求，围绕市场主体需求，研究推出更多务实管用的改革举措，相关落实情况年底前报国务院。有关改革事项涉及法律法规调整的，要按照重大改革于法有据的要求，抓紧推动相关法律法规的立改废释。国务院办公厅要加强对深化"放管服"改革和优化营商环境工作的业务指导，强化统筹协调和督促落实，确保改革措施落地见效。

中共中央 国务院关于营造更好发展环境
支持民营企业改革发展的意见

（2019 年 12 月 4 日）

改革开放 40 多年来，民营企业在推动发展、促进创新、增加就业、改善民生和扩大开放等方面发挥了不可替代的作用。民营经济已经成为我国公有制为主体多种所有制经济共同发展的重要组成部分。为进一步激发民营企业活力和创造力，充分发挥民营经济在推进供给侧结构性改革、推动高质量发展、建设现代化经济体系中的重要作用，现就营造更好发展环境支持民营企业改革发展提出如下意见。

一、总体要求

（一）指导思想。以习近平新时代中国特色社会主义思想为指导，全面贯彻党的十九大和十九届二中、三中、四中全会精神，深入落实习近平总书记在民营企业座谈会上的重要讲话精神，坚持和完善社会主义基本经济制度，坚持"两个毫不动摇"，坚持新发展理念，坚持以供给侧结构性改革为主线，营造市场化、法治化、国际化营商环境，保障民营企业依法平等使用资源要素、公开公平公正参与竞争、同等受到法律保护，推动民营企业改革创新、转型升级、健康发展，让民营经济创新源泉充分涌流，让民营企业创造活力充分迸发，为实现"两个一百年"奋斗目标和中华民族伟大复兴的中国梦作出更大贡献。

（二）基本原则。坚持公平竞争，对各类市场主体一视同仁，营造公平竞争的市场环境、政策环境、法治环境，确保权利平等、机会平等、规则平等；遵循市场规律，处理好政府与市场的关系，强化竞争政策的基础性地位，注重采用市场化手段，通过市场竞争实现企业优胜劣汰和资源优化配置，促进市场秩序规范；支持改革创新，鼓励和引导民营企业加快转型升级，深化供给侧结构性改革，不断提升技术创新能力和核心竞争力；加强法治保障，依法保护民营企业和企业家的合法权益，推动民营企业筑牢守法合规经营底线。

二、优化公平竞争的市场环境

（三）进一步放开民营企业市场准入。深化"放管服"改革，进一步精简市场准入行政审批事项，不得额外对民营企业设置准入条件。全面落实放宽民营企业市场准入的政策措施，持续跟踪、定期评估市场准入有关政策落实情况，全面排查、系统清理各类显性和隐性壁垒。在电力、电信、铁路、石油、天然气等重点行业和领域，放开竞争性业务，进一步引入市场竞争机制。支持民营企业以参股形式开展基础电信运营业务，以控股或参股形式开展发电配电售电业务。支持民营企业进入油气勘探开发、炼化和销售领域，建设原油、天然气、成品油储运和管道输送等基础设施。支持符合条件的企业参与原油进口、成品油出口。在基础设施、社会事业、金融服务业等领域大幅放宽市场准入。上述行业、领域相关职能部门要研究制定民营企业分行业、分领域、分业务市场准入具体路径和办法，明确路线图和时间表。

（四）实施公平统一的市场监管制度。进一步规范失信联合惩戒对象纳入标准和程序，建立完善信用修复机制和异议制度，规范信用核查和联合惩戒。加强优化营商环境涉及的法规规章备案审查。深入推进部门联合"双随机、一公开"监管，推行信用监管和"互联网+监管"改革。细化明确行政执法程序，规范执法自由裁量权，严格规范公正文明执法。完善垄断性中介管理制度，清理强制性重复鉴定评估。深化要素市场化配置体制机制改革，健全市场化要素价格形成和传导机制，保障民营企业平等获得资源要素。

（五）强化公平竞争审查制度刚性约束。坚持存量清理和增量审查并重，持续清理和废除妨碍统一市场和公平竞争的各种规定和做法，加快清理与企业性质挂钩的行业准入、资质标准、产业补贴等规定和做法。推进产业政策由差异化、选择性向普惠化、功能性转变。严格审查新出台的政策措施，建立规范流程，引入第三方开展评估审查。建立面向各类市场主体的有违公平竞争问题的投诉举报和处理回应机制并及时向社会公布处理情况。

（六）破除招投标隐性壁垒。对具备相应资质条件的企业，不得设置与业务能力无关的企业规模门槛和明显超过招标项目要求的业绩门槛等。完善招投标程序监督与信息公示制度，对依法依规完成的招标，不得以中标企业性质为由对招标责任人进行追责。

三、完善精准有效的政策环境

（七）进一步减轻企业税费负担。切实落实更大规模减税降费，实施好降低增值税税率、扩大享受税收优惠小微企业范围、加大研发费用加计扣除力度、降低社保费率等政策，实质性降低企业负担。建立完善监督检查清单制度，落实涉企收费清单制度，清理违规涉企收费、摊派事项和各类评比达标活动，加大力度清理整治第三方截留减税降费红利等行为，进一步畅通减税降费政策传导机制，切实降低民营企业成本费用。既要以最严格的标准防范逃避税，又要避免因为不当征税影响企业正常运行。

（八）健全银行业金融机构服务民营企业体系。进一步提高金融结构与经济结构匹配度，支持发展以中小微民营企业为主要服务对象的中小金融机构。深化联合授信试点，鼓励银行与民营企业构建中长期银企关系。健全授信尽职免责机制，在内部绩效考核制度中落实对小微企业贷款不良容忍的监管政策。强化考核激励，合理增加信用贷款，鼓励银行提前主动对接企业续贷需求，进一步降低民营和小微企业综合融资成本。

（九）完善民营企业直接融资支持制度。完善股票发行和再融资制度，提高民营企业首发上市和再融资审核效率。积极鼓励符合条件的民营企业在科创板上市。深化创业板、新三板改革，服务民营企业持续发展。支持服务民营企业的区域性股权市场建设。支持民营企业发行债券，降低可转债发行门槛。在依法合规的前提下，支持资管产品和保险资金通过投资私募股权基金等方式积极参与民营企业纾困。鼓励通过债务重组等方式合力化解股票质押风险。积极吸引社会力量参与民营企业债转股。

（十）健全民营企业融资增信支持体系。推进依托供应链的票据、订单等动产质押融资，鼓励第三方建立供应链综合服务平台。民营企业、中小企业以应收账款申请担保融资的，国家机关、事业单位和大型企业等应付款方应当及时确认债权债务关系。推动抵质押登记流程简便化、标准化、规范化，建立统一的动产和权利担保登记公示系统。积极探索建立为优质民营企业增信的新机制，鼓励有条件的地方设立中小民营企业风险补偿基金，研究推出民营企业增信示范项目。发展民营企业债券融资支持工具，以市场化方式增信支持民营企业融资。

（十一）建立清理和防止拖欠账款长效机制。各级政府、大型国有企业要依法履行与民营企业、中小企业签订的协议和合同，不得违背民营企业、中小企业真实意愿或在约定的付款方式之外以承兑汇票等形式延长付款期限。加快及时支付款项有关立法，建立拖欠账款问题约束惩戒机制，通过审计监察和信用体系建设，提高政府部门和国有企业的拖欠失信成本，对拖欠民营企业、中小企业款项的责任人严肃问责。

四、健全平等保护的法治环境

（十二）健全执法司法对民营企业的平等保护机制。加大对民营企业的刑事保护力度，依法惩治侵犯民营企业投资者、管理者和从业人员合法权益的违法犯罪行为。提高司法审判和执行效率，防止因诉讼拖延影响企业生产经营。保障民营企业家在协助纪检监察机关审查调查时的人身和财产合法权益。健全知识产权侵权惩罚性赔偿制度，完善诉讼证据规则、证据披露以及证据妨碍排除规则。

（十三）保护民营企业和企业家合法财产。严格按照法定程序采取查封、扣押、冻结等措施，依法严格区分违法所得、其他涉案财产与合法财产，严格区分企业法人财产与股东个人财产，严格区分涉案人员个人财产与家庭成员财产。持续甄别纠正侵犯民营企业和企业家人身财产权的冤错案件。建立涉政府产权纠纷治理长效机制。

五、鼓励引导民营企业改革创新

（十四）引导民营企业深化改革。鼓励有条件的民营企业加快建立治理结构合理、股东行为规范、内部约束有效、运行高效灵活的现代企业制度，重视发挥公司律师和法律顾问作用。鼓励民营企业制定规范的公司章程，完善公司股东会、董事会、监事会等制度，明确各自职权及议事规则。鼓励民营企业完善内部激励约束机制，规范优化业务流程和组织结构，建立科学规范的劳动用工、收入分配制度，推动质量、品牌、财务、营销等精细化管理。

（十五）支持民营企业加强创新。鼓励民营企业独立或与有关方面联合承担国家各类科研项目，参与国家重大科学技术项目攻关，通过实施技术改造转化创新成果。各级政府组织实施科技创新、技术转化等项目时，要平等对待不同所有制企业。加快向民营企业开放国家重大科研基础设施和大型科研仪器。在标准制定、复审过程中保障民营企业平等参与。系统清理与企业性质挂钩的职称评定、奖项申报、福利保障等规定，畅通科技创新人才向民营企业流动渠道。在人才引进支持政策方面对民营企业一视同仁，支持民营企业引进海外高层次人才。

（十六）鼓励民营企业转型升级优化重组。鼓励民营企业因地制宜聚焦主业加快转型升级。优化企业兼并重组市场环境，支持民营企业做优做强，培育更多具有全球竞争力的世界一流企业。支持民营企业参与国有企业改革。引导中小民营企业走"专精特新"发展之路。畅通市场化退出渠道，完善企业破产清算和重整等法律制度，提高注销登记便利度，进一步做好"僵尸企业"处置工作。

（十七）完善民营企业参与国家重大战略实施机制。鼓励民营企业积极参与共建"一带一路"、京津冀协同发展、长江经济带发展、长江三角洲区域一体化发展、粤港澳大湾区建设、黄河流域生态保护和高质量发展、推进海南全面深化改革开放等重大国家战略，积极参与乡村振兴战略。在重大规划、重大项目、重大工程、重大活动中积极吸引民营企业参与。

六、促进民营企业规范健康发展

（十八）引导民营企业聚精会神办实业。营造实干兴邦、实业报国的良好社会氛围，鼓励支持民营企业心无旁骛做实业。引导民营企业提高战略规划和执行能力，弘扬工匠精神，通过聚焦实业、做精主业不断提升企业发展质量。大力弘扬爱国敬业、遵纪守法、艰苦奋斗、创新发展、专注品质、追求卓越、诚信守约、履行责任、勇于担当、服务社会的优秀企业家精神，认真总结梳理宣传一批典型案例，发挥示范带动作用。

（十九）推动民营企业守法合规经营。民营企业要筑牢守法合规经营底线，依法经营、依法治企、依法维权，认真履行环境保护、安全生产、职工权益保障等责任。民营企业走出去要遵法守法、合规经营，塑造良好形象。

（二十）推动民营企业积极履行社会责任。引导民营企业重信誉、守信用、讲信义，自觉强化信用管理，及时进行信息披露。支持民营企业赴革命老区、民族地区、边疆地区、贫困地区和中西部、东北地区投资兴业，引导民营企业参与对口支援和帮扶工作。鼓励民营企业积极参与社会公益、慈善事业。

（二十一）引导民营企业家健康成长。民营企业家要加强自我学习、自我教育、自我提升，珍视自身社会形象，热爱祖国、热爱人民、热爱中国共产党，把守法诚信作为安身立命之本，积极践行社会主义核心价值观。要加强对民营企业家特别是年轻一代民营企业家的理想信念教育，实施年轻一代民营企业家健康成长促进计划，支持帮助民营企业家实现事业新老交接和有序传承。

七、构建亲清政商关系

（二十二）建立规范化机制化政企沟通渠道。地方各级党政主要负责同志要采取多种方式经常听取民营企业意见和诉求，畅通企业家提出意见诉求通道。鼓励行业协会商会、人民团体在畅通民营企业与政府沟通等方面发挥建设性作用，支持优秀民营企业家在群团组织中兼职。

（二十三）完善涉企政策制定和执行机制。制定实施涉企政策时，要充分听取相关企业意见建议。保持政策连续性稳定性，健全涉企政策全流程评估制度，完善涉企政策调整程序，根据实际设置合理过渡期，给企业留出必要的适应调整时间。政策执行要坚持实事求是，不搞"一刀切"。

（二十四）创新民营企业服务模式。进一步提升政府服务意识和能力，鼓励各级政府编制政务服务事项清单并向社会公布。维护市场公平竞争秩序，完善陷入困境优质企业的救助机制。建立政务服务"好差评"制度。完善对民营企业全生命周期的服务模式和服务链条。

（二十五）建立政府诚信履约机制。各级政府要认真履行在招商引资、政府与社会资本合作等活动中与民营企业依法签订的各类合同。建立政府失信责任追溯和承担机制，对民营企业因国家利益、公共利益或其他法定事由需要改变政府承诺和合同约定而受到的损失，要依法予以补偿。

八、组织保障

（二十六）建立健全民营企业党建工作机制。坚持党对支持民营企业改革发展工作的领导，增强"四个意识"，坚定"四个自信"，做到"两个维护"，教育引导民营企业和企业家拥护党的领导，支持企业党建工作。指导民营企业设立党组织，积极探索创新党建工作方式，围绕宣传贯彻党的路线方针政策、团结凝聚职工群众、维护各方合法权益、建设先进企业文化、促进企业健康发展等开展工作，充分发挥党组织的战斗堡垒作用和党员的先锋模范作用，努力提升民营企业党的组织和工作覆盖质量。

（二十七）完善支持民营企业改革发展工作机制。建立支持民营企业改革发展的领导协调机制。将支持民营企业发展相关指标纳入高质量发展绩效评价体系。加强民营经济统计监测和分析工作。开展面向民营企业家的政策培训。

（二十八）健全舆论引导和示范引领工作机制。加强舆论引导，主动讲好民营企业和企业家故事，坚决抵制、及时批驳澄清质疑社会主义基本经济制度、否定民营经济的错误言论。在各类评选表彰活动中，平等对待优秀民营企业和企业家。研究支持改革发展标杆民营企业和民营经济示范城市，充分发挥示范带动作用。

各地区各部门要充分认识营造更好发展环境支持民营企业改革发展的重要性，切实把思想和行动统一到党中央、国务院的决策部署上来，加强组织领导，完善工作机制，制定具体措施，认真抓好本意见的贯彻落实。国家发展改革委要会同有关部门适时对支持民营企业改革发展的政策落实情况进行评估，重大情况及时向党中央、国务院报告。

关于促进中小企业健康发展的指导意见

（2019 年 4 月 8 日）

中小企业是国民经济和社会发展的生力军，是扩大就业、改善民生、促进创业创新的重要力量，在稳增长、促改革、调结构、惠民生、防风险中发挥着重要作用。党中央、国务院高度重视中小企业发展，在财税金融、营商环境、公共服务等方面出台一系列政策措施，取得积极成效。同时，随着国际国内市场环境变化，中小企业面临的生产成本上升、融资难融资贵、创新发展能力不足等问题日益突出，必须引起高度重视。为促进中小企业健康发展，现提出如下意见。

一、指导思想

以习近平新时代中国特色社会主义思想为指导，全面贯彻党的十九大和十九届二中、三中全会精神，坚持和完善我国社会主义基本经济制度，坚持"两个毫不动摇"，坚持稳中求进工作总基调，坚持新发展理念，以供给侧结构性改革为主线，以提高发展质量和效益为中心，按照竞争中性原则，打造公平便捷营商环境，进一步激发中小企业活力和发展动力。认真实施中小企业促进法，纾解中小企业困难，稳定和增强企业信心及预期，加大创新支持力度，提升中小企业专业化发展能力和大中小企业融通发展水平，促进中小企业健康发展。

二、营造良好发展环境

（一）进一步放宽市场准入。坚决破除各种不合理门槛和限制，在市场准入、审批许可、招标投标、军民融合发展等方面打造公平竞争环境，提供充足市场空间。不断缩减市场准入负面清单事项，推进"非禁即入"普遍落实，最大程度实现准入便利化。

（二）主动服务中小企业。进一步深化对中小企业的"放管服"改革。继续推进商事制度改革，推动企业注册登记、注销更加便利化。推进环评制度改革，落实环境影响登记表备案制，将项目环评审批时限压缩至法定时限的一半。落实好公平竞争审查制度，营造公平、开放、透明的市场环境，清理废除妨碍统一市场和公平竞争的各种规定和做法。主动服务企业，对企业发展中遇到的困难，要"一企一策"给予帮助。

（三）实行公平统一的市场监管制度。创新监管方式，寓监管于服务之中。避免在安监、环保等领域微观执法和金融机构去杠杆中对中小企业采取简单粗暴的处置措施。深入推进反垄断、反不正当竞争执法，保障中小企业公平参与市场竞争。坚决保护企业及其出资人的财产权和其他合法权益，任何单位和个人不得侵犯中小企业财产及其合法收益。严格禁止各种刁难限制中小企业发展的行为，对违反规定的问责追责。

三、破解融资难融资贵问题

（一）完善中小企业融资政策。进一步落实普惠金融定向降准政策。加大再贴现对小微企业支持力度，重点支持小微企业 500 万元及以下小额票据贴现。将支小再贷款政策适用范围扩大到符合条件的中小银行（含新型互联网银行）。将单户授信 1 000 万元及以下的小微企业贷款纳入中期借贷便利的合格担保品范围。

（二）积极拓宽融资渠道。进一步完善债券发行机制，实施民营企业债券融资支持工具，采取出售信用风险缓释凭证、提供信用增进服务等多种方式，支持经营正常、面临暂时流动性紧张的民营企业合理债券融资需求。探索实施民营企业股权融资支持工具，鼓励设立市场化运作的专项基金开展民营企业兼并收购或财务投资。大力发展高收益债券、私募债、双创专项债务融资工具、创业投资基金类债券、创新创业企业专项债券等产品。研究促进中小企业依托应收账款、供应链金融、特许经营权等进行融资。完善知识产权质押融资风险分担补偿机制，发挥知识产权增信增贷作用。引导金融机构对小微企业发放中长期贷款，开发续贷产品。

（三）支持利用资本市场直接融资。加快中小企业首发上市进度，为主业突出、规范运作的中小企业上市提供便利。深化发行、交易、信息披露等改革，支持中小企业在新三板挂牌融资。推进创新创业公司债券试点，完善创新创业可转债转股机制。研究允许挂牌企业发行可转换公司债。落实创业投资基金股份减持比例与投资期限的反向挂钩制度，鼓励支持早期创新创业。鼓励地方知识产权运营基金等专业化基金服务中小企业创新发展。对存在股票质押风险的企业，要按照市场化、法治化原则研究制定相关过渡性机制，根据企业具体情况采取防范化解风险措施。

（四）减轻企业融资负担。鼓励金融机构扩大出口信用保险保单融资和出口退税账户质押融资，满足进出口企业金融服务需求。加快发挥国家融资担保基金作用，引导担保机构逐步取消反担保，降低担保费率。清理规范中小企业融资时强制要求办理的担保、保险、评估、公证等事项，减少融资过程中的附加费用，降低融资成本；相关费用无法减免的，由地方财政根据实际制定鼓励降低取费标准的奖补措施。

（五）建立分类监管考核机制。研究放宽小微企业贷款享受风险资本优惠权重的单户额度限制，进一步释放商业银行投放小微企业贷款的经济资本。修订金融企业绩效评价办法，适当放宽考核指标要求，激励金融机构加大对小微企业的信贷投入。指导银行业金融机构夯实对小微业务的内部激励传导机制，优化信贷资源配置、完善绩效考核方案、适当降低利润考核指标权重，安排专项激励费用；鼓励对小微业务推行内部资金转移价格优惠措施；细化小微企业贷款不良容忍度管理，完善授信尽职免责规定，加大对基层机构发放民营企业、小微企业贷款的激励力度，提高民营企业、小微企业信贷占比；提高信贷风险管控能力、落实规范服务收费政策。

四、完善财税支持政策

（一）改进财税对小微企业融资的支持。落实对小微企业融资担保降费奖补政策，中央财政安排奖补资金，引导地方支持扩大实体经济领域小微企业融资担保业务规模，降低融资担保成本。进一步降低创业担保贷款贴息的政策门槛，中央财政安排资金支持地方给予小微企业创业担保贷款贴息及奖补，同时推进相关统计监测和分析工作。落实金融机构单户授信1 000万元及以下小微企业和个体工商户贷款利息收入免征增值税政策、贷款损失准备金所得税税前扣除政策。

（二）减轻中小企业税费负担。清理规范涉企收费，加快推进地方涉企行政事业性收费零收费。推进增值税等实质性减税，对小微企业、科技型初创企业实施普惠性税收减免。根据实际情况，降低社会保险费率，支持中小企业吸纳就业。

（三）完善政府采购支持中小企业的政策。各级政府要为中小企业开展政府采购项下融资业务提供便利，依法及时公开政府采购合同等信息。研究修订政府采购促进中小企业发展暂行办法，采取预算预留、消除门槛、评审优惠等手段，落实政府采购促进中小企业发展政策。在政府采购活动中，向专精特新中小企业倾斜。

（四）充分发挥各类基金的引导带动作用。推动国家中小企业发展基金走市场化、公司化和职业经理人的制度建设道路，使其支持种子期、初创期成长型中小企业发展，在促进中小企业转型升级、实现高质量发展中发挥更大作用。大力推进国家级新兴产业发展基金、军民融合产业投资基金的实施和运营，支持战略性新兴产业、军民融合产业领域优质企业融资。

五、提升创新发展能力

（一）完善创新创业环境。加强中央财政对中小企业技术创新的支持。通过国家科技计划加大对中小企业科技创新的支持力度，调整完善科技计划立项、任务部署和组织管理方式，大幅度提高中小企业承担研发任务的比例。鼓励大型企业向中小企业开放共享资源，围绕创新链、产业链打造大中小企业协同发展的创新网络。推动专业化众创空间提升服务能力，实现对创新创业的精准支持。健全科技资源开放共享机制，鼓励科研机构、高等学校搭建网络管理平台，建立高效对接机制，推动大型科研仪器和实验设施向中小企业开放。鼓励中小企业参与共建国家重大科研基础设施。中央财政安排资金支持一批国家级和省级开发区打造大中小企业融通型、专业资本集聚型、科技资源支撑型、高端人才引领型等特色载体。

（二）切实保护知识产权。运用互联网、大数据等手段，通过源头追溯、实时监测、在线识别等强化知识产权保护，加快建立侵权惩罚性赔偿制度，提高违法成本，保护中小企业创新研发成果。组织实施中小企业知识产权战略推进工程，开展专利导航，助推中小企业技术研发布局，推广知识产权辅导、预警、代理、托管等服务。

（三）引导中小企业专精特新发展。支持推动中小企业转型升级，聚焦主业，增强核心竞争力，不断提高发展质量和水平，走专精特新发展道路。研究制定专精特新评价体系，建立动态企业库。以专精特新中小企业为基础，在核心基础零部件（元器件）、关键基础材料、先进基础工艺和产业技术基础等领域，培育一批主营业务突出、竞争力强、成长性好的专精特新"小巨人"企业。实施大中小企业融通发展专项工程，打造一批融通发展典型示范和新模式。围绕要素汇集、能力开放、模式创新、区域合作等领域分别培育一批制造业双创平台试点示范项目，引领制造业融通发展迈上新台阶。

（四）为中小企业提供信息化服务。推进发展"互联网+中小企业"，鼓励大型企业及专业服务机构建设面向中小企业的云制造平台和云服务平台，发展适合中小企业智能制造需求的产品、解决方案和工具包，完善中小企业智能制造支撑服务体系。推动中小企业业务系统云化部署，引导有基础、有条件的中小企业推进生产线智能化改造，推动低成本、模块化的智能制造设备和系统在中小企业部署应用。大力推动降低中西部地区中小企业宽带专线接入资费水平。

六、改进服务保障工作

（一）完善公共服务体系。规范中介机构行为，提升会计、律师、资产评估、信息等各方面中介服务质量水平，优先为中小企业提供优质高效的信息咨询、创业辅导、技术支持、投资融资、知识产权、财会税务、法律咨询等服务。加强中小企业公共服务示范平台建设和培育。搭建跨部门的中小企业政策信息互联网发布平台，及时汇集涉及中小企业的法律法规、创新创业、财税金融、权益保护等各类政策和政府服务信息，实现中小企业政策信息一站式服务。建立完善对中小企业的统计调查、监测分析和定期发布制度。

（二）推动信用信息共享。进一步完善小微企业名录，积极推进银商合作。依托国家企业信用信息公示系统和小微企业名录，建立完善小微企业数据库。依托全国公共信用信息共享平台建设全国中小企业融资综合信用服务平台，开发"信易贷"，与商业银行共享注册登记、行政许可、行政处罚、"黑名单"以及纳税、社保、水电煤气、仓储物流等信息，改善银企信息不对称，提高信用状况良好中小企业的信用评分和贷款可得性。

（三）重视培育企业家队伍。继续做好中小企业经营管理领军人才培训，提升中小企业经营管理水平。健全宽容失败的有效保护机制，为企业家成长创造良好环境。完善人才待遇政策保障和分类评价制度。构建亲清政商关系，推动企业家参与制定涉企政策，充分听取企业家意见建议。树立优秀企业家典型，大力弘扬企业家精神。

（四）支持对外合作与交流。优化海关流程、简化办事手续，降低企业通关成本。深化双多边合作，加强在促进政策、贸易投资、科技创新等领域的中小企业交流与合作。支持有条件的地方建设中外中小企业合作区。鼓励中小企业服务机构、协会等探索在条件成熟的国家和地区设立"中小企业中心"。继续办好中国国际中小企业博览会，支持中小企业参加境内外展览展销活动。

七、强化组织领导和统筹协调

（一）加强支持和统筹指导。各级党委和政府要认真贯彻党中央、国务院关于支持中小企业发展的决策部署，积极采取有针对性的措施，在政策、融资、营商环境等方面主动帮助企业解决实际困难。各有关部门要加强对中小企业存在问题的调研，并按照分工要求抓紧出台解决办法，同时对好的经验予以积极推广。加强促进中小企业发展工作组织机构和工作机制建设，充分发挥组织领导、政策协调、指导督促作用，明确部门责任和分工，加强监督检查，推动政策落实。

（二）加强工作督导评估。国务院促进中小企业发展工作领导小组办公室要加强对促进中小企业健康发展工作的督导，委托第三方机构定期开展中小企业发展环境评估并向社会公布。各地方政府根据实际情况组织开展中小企业发展环境评估。

（三）营造良好舆论氛围。大力宣传促进中小企业发展的方针政策与法律法规，强调中小企业在国民经济和社会发展中的重要地位和作用，表彰中小企业发展和服务中小企业工作中涌现出的先进典型，让企业有更多获得感和荣誉感，形成有利于中小企业健康发展的良好社会舆论环境。

中共中央 国务院关于营造企业家健康成长环境弘扬优秀企业家精神更好发挥企业家作用的意见

（2017 年 9 月 8 日）

企业家是经济活动的重要主体。改革开放以来，一大批优秀企业家在市场竞争中迅速成长，一大批具有核心竞争力的企业不断涌现，为积累社会财富、创造就业岗位、促进经济社会发展、增强综合国力作出了重要贡献。营造企业家健康成长环境，弘扬优秀企业家精神，更好发挥企业家作用，对深化供给侧结构性改革、激发市场活力、实现经济社会持续健康发展具有重要意义。为此，提出以下意见。

一、总体要求

1. 指导思想

全面贯彻党的十八大和十八届三中、四中、五中、六中全会精神，深入贯彻习近平总书记系列重要讲话精神和治国理政新理念新思想新战略，着力营造依法保护企业家合法权益的法治环境、促进企业家公平竞争诚信经营的市场环境、尊重和激励企业家干事创业的社会氛围，引导企业家爱国敬业、遵纪守法、创业创新、服务社会，调动广大企业家积极性、主动性、创造性，发挥企业家作用，为促进经济持续健康发展和社会和谐稳定、实现全面建成小康社会奋斗目标和中华民族伟大复兴的中国梦作出更大贡献。

2. 基本原则

——模范遵纪守法、强化责任担当。依法保护企业家合法权益，更好发挥企业家遵纪守法、恪尽责任的示范作用，推动企业家带头依法经营，自觉履行社会责任，为建立良好的政治生态、净化社会风气、营造风清气正环境多作贡献。

——创新体制机制、激发生机活力。营造"亲""清"新型政商关系，创新政企互动机制，完善企业家正向激励机制，完善产权保护制度，增强企业家创新活力、创业动力。

——遵循发展规律、优化发展环境。坚持党管人才，遵循市场规律和企业家成长规律，完善精准支持政策，推动政策落地实施，坚定企业家信心，稳定企业家预期，营造法治、透明、公平的政策环境和舆论环境。

——注重示范带动、着力弘扬传承。树立和宣传企业家先进典型，弘扬优秀企业家精神，造就优秀企业家队伍，强化年轻一代企业家的培育，让优秀企业家精神代代传承。

二、营造依法保护企业家合法权益的法治环境

3. 依法保护企业家财产权。全面落实党中央、国务院关于完善产权保护制度依法保护产权的意见，认真解决产权保护方面的突出问题，及时甄别纠正社会反映强烈的产权纠纷申诉案件，剖析侵害产权案例，总结宣传依法有效保护产权的好做法、好经验、好案例。在立法、执法、司法、守法等各方面各环节，加快建立依法平等保护各种所有制经济产权的长效机制。研究建立因政府规划调整、政策变化造成企业合法权益受损的依法依规补偿救济机制。

4. 依法保护企业家创新权益。探索在现有法律法规框架下以知识产权的市场价值为参照确定损害赔偿额度，完善诉讼证据规则、证据披露以及证据妨碍排除规则。探索建立非诉行政强制执行绿色通道。研究制定商业模式、文化创意等创新成果的知识产权保护办法。

5. 依法保护企业家自主经营权。企业家依法进行自主经营活动，各级政府、部门及其工作人员不得干预。建立完善涉企收费、监督检查等清单制度，清理涉企收费、摊派事项和各类达标评比活动，细化、规范行政执法条件，最大程度减轻企业负担、减少自由裁量权。依法保障企业自主加入和退出行业协会商会的权利。研究设立全国统一的企业维权服务平台。

三、营造促进企业家公平竞争诚信经营的市场环境

6. 强化企业家公平竞争权益保障。落实公平竞争审查制度，确立竞争政策基础性地位。全面实施市场准入负面清单制度，保障各类市场主体依法平等进入负面清单以外的行业、领域和业务。反对垄断和不正当竞争，反对地方保护，依法清理废除妨碍统一市场公平竞争的各种规定和做法，完善权利平等、机会平等、规则平等的市场环境，促进各种所有制经济依法依规平等使用生产要素、公开公平公正参与市场竞争、同等受到法律保护。

7. 健全企业家诚信经营激励约束机制。坚守契约精神，强化企业家信用宣传，实施企业诚信承诺制度，督促企业家自觉诚信守法、以信立业，依法依规生产经营。利用全国信用信息共享平台和国家企业信用信息公示系统，整合在工商、财税、金融、司法、环保、安监、行业协会商会等部门和领域的企业及企业家信息，建立企业家个人信用记录和诚信档案，实行守信联合激励和失信联合惩戒。

8. 持续提高监管的公平性规范性简约性。推行监管清单制度，明确和规范监管事项、依据、主体、权限、内容、方法、程序和处罚措施。全面实施"双随机、一公开"监管，有效避免选择性执法。推进综合监管，加强跨部门跨地区的市场协同监管。重点在食品药品安全、工商质检、公共卫生、安全生产、文化旅游、资源环境、农林水利、交通运输、城乡建设、海洋渔业等领域推行综合执法，有条件的领域积极探索跨部门综合执法。探索建立鼓励创新的审慎监管方式。清除多重多头执法，提高综合执法效率，减轻企业负担。

四、营造尊重和激励企业家干事创业的社会氛围

9. 构建"亲""清"新型政商关系。畅通政企沟通渠道，规范政商交往行为。各级党政机关干部要坦荡真诚同企业家交往，树立服务意识，了解企业经营情况，帮助解决企业实际困难，同企业家建立真诚互信、清白纯洁、良性互动的工作关系。鼓励企业家积极主动同各级党委和政府相关部门沟通交流，通过正常渠道反映情况、解决问题，依法维护自身合法权益，讲真话、谈实情、建净言。引导更多民营企业家成为"亲""清"新型政商关系的模范，更多国有企业家成为奉公守法守纪、清正廉洁自律的模范。

10. 树立对企业家的正向激励导向。营造鼓励创新、宽容失败的文化和社会氛围，对企业家合法经营中出现的失误失败给予更多理解、宽容、帮助。对国有企业家以增强国有经济活力和竞争力等为目标、在企业发展中大胆探索、锐意改革所出现的失误，只要不属于有令不行、有禁不止、不当谋利、主观故意、独断专行等情形者，要予以容错，为担当者担当、为负责者负责、为干事者撑腰。

11. 营造积极向上的舆论氛围。坚持实事求是、客观公正的原则，把握好正确舆论导向，加强对优秀企业家先进事迹和突出贡献的宣传报道，

展示优秀企业家精神，凝聚崇尚创新创业正能量，营造尊重企业家价值、鼓励企业家创新、发挥企业家作用的舆论氛围。

五、弘扬企业家爱国敬业遵纪守法艰苦奋斗的精神

12. 引导企业家树立崇高理想信念。加强对企业家特别是年轻一代民营企业家的理想信念教育和社会主义核心价值观教育，开展优良革命传统、形势政策、守法诚信教育培训，培养企业家国家使命感和民族自豪感，引导企业家正确处理国家利益、企业利益、员工利益和个人利益的关系，把个人理想融入民族复兴的伟大实践。

13. 强化企业家自觉遵纪守法意识。企业家要自觉依法合规经营，依法治企、依法维权，强化诚信意识，主动抵制逃税漏税、走私贩私、制假贩假、污染环境、侵犯知识产权等违法行为，不做偷工减料、缺斤短两、以次充好等亏心事，在遵纪守法方面争做社会表率。党员企业家要自觉做遵守党的政治纪律、组织纪律、廉洁纪律、群众纪律、工作纪律、生活纪律的模范。

14. 鼓励企业家保持艰苦奋斗精神风貌。激励企业家自强不息、勤俭节约，反对享乐主义，力戒奢靡之风，保持健康向上的生活情趣。企业发展遇到困难，要坚定信心、迎接挑战、奋发图强。企业经营成功，要居安思危、不忘初心、谦虚谨慎。树立不进则退、慢进亦退的竞争意识。

六、弘扬企业家创新发展专注品质追求卓越的精神

15. 支持企业家创新发展。激发企业家创新活力和创造潜能，依法保护企业家拓展创新空间，持续推进产品创新、技术创新、商业模式创新、管理创新、制度创新，将创新创业作为终身追求，增强创新自信。提升企业家科学素养，发挥企业家在推动科技成果转化中的重要作用。吸收更多企业家参与科技创新政策、规划、计划、标准制定和立项评估等工作，向企业开放专利信息资源和科研基地。引导金融机构为企业家创新创业提供资金支持，探索建立创业保险、担保和风险分担制度。

16. 引导企业家弘扬工匠精神。建立健全质量激励制度，强化企业家"以质取胜"的战略意识，鼓励企业家专注专长领域，加强企业质量管理，立志于"百年老店"持久经营与传承，把产品和服务做精做细，以工匠精神保证质量、效用和信誉。深入开展质量提升行动。着力培养技术精湛技

艺高超的高技术人才，推广具有核心竞争力的企业品牌，扶持具有优秀品牌的骨干企业做强做优，树立具有一流质量标准和品牌价值的样板企业。激发和保护老字号企业企业家改革创新发展意识，发挥老字号的榜样作用。

17. 支持企业家追求卓越。弘扬敢闯敢试、敢为天下先、敢于承担风险的精神，支持企业家敏锐捕捉市场机遇，不断开拓进取、拼搏奋进，争创一流企业、一流管理、一流产品、一流服务和一流企业文化，提供人无我有、人有我优、人优我特、人特我新的具有竞争力的产品和服务，在市场竞争中勇立潮头、脱颖而出，培育发展壮大更多具有国际影响力的领军企业。

七、弘扬企业家履行责任敢于担当服务社会的精神

18. 引导企业家主动履行社会责任。增强企业家履行社会责任的荣誉感和使命感，引导和支持企业家奉献爱心，参与光彩事业、公益慈善事业、"万企帮万村"精准扶贫行动、应急救灾等，支持国防建设，在构建和谐劳动关系、促进就业、关爱员工、依法纳税、节约资源、保护生态等方面发挥更加重要的作用。国有企业家要自觉做履行政治责任、经济责任、社会责任的模范。

19. 鼓励企业家干事担当。激发企业家致富思源的情怀，引导企业家认识改革开放为企业和个人施展才华提供的广阔空间、良好机遇、美好前景，先富带动后富，创造更多经济效益和社会效益。引导企业家认识把握引领经济发展新常态，积极投身供给侧结构性改革，在振兴和发展实体经济等方面作更大贡献。激发国有企业家服务党服务国家服务人民的担当精神。国有企业家要更好肩负起经营管理国有资产、实现保值增值的重要责任，做强做优做大国有企业，不断提高企业核心竞争力。

20. 引导企业家积极投身国家重大战略。完善企业家参与国家重大战略实施机制，鼓励企业家积极投身"一带一路"建设、京津冀协同发展、长江经济带发展等国家重大战略实施，参与引进来和走出去战略，参与军民融合发展，参与中西部和东北地区投资兴业，为经济发展拓展新空间。

八、加强对企业家优质高效务实服务

21. 以市场主体需求为导向深化"放管服"改革。围绕使市场在资源

配置中起决定性作用和更好发挥政府作用，在更大范围、更深层次上深化简政放权、放管结合，优化服务。做好"放管服"改革涉及的规章、规范性文件清理工作。建立健全企业投资项目高效审核机制，支持符合条件的地区和领域开展企业投资项目承诺制改革探索。优化面向企业和企业家服务项目的办事流程，推进窗口单位精准服务。

22. 健全企业家参与涉企政策制定机制。建立政府重大经济决策主动向企业家问计求策的程序性规范，政府部门研究制定涉企政策、规划、法规，要听取企业家的意见建议。保持涉企政策稳定性和连续性，基于公共利益确需调整的，严格调整程序，合理设立过渡期。

23. 完善涉企政策和信息公开机制。利用实体政务大厅、网上政务平台、移动客户端、自助终端、服务热线等线上线下载体，建立涉企政策信息集中公开制度和推送制度。加大政府信息数据开放力度。强化涉企政策落实责任考核，充分吸收行业协会商会等第三方机构参与政策后评估。

24. 加大对企业家的帮扶力度。发挥统战部门、国资监管机构和工商联、行业协会商会等作用，建立健全帮扶企业家的工作联动机制，定期组织企业家座谈和走访，帮助解决企业实际困难。对经营困难的企业，有关部门、工商联、行业协会商会等要主动及时了解困难所在、发展所需，在维护市场公平竞争的前提下积极予以帮助。支持再次创业，完善再创业政策，根据企业家以往经营企业的纳税信用级别，在办理相关涉税事项时给予更多便捷支持。加强对创业成功和失败案例研究，为企业家创新创业提供借鉴。

九、加强优秀企业家培育

25. 加强企业家队伍建设规划引领。遵循企业家成长规律，加强部门协作，创新工作方法，加强对企业家队伍建设的统筹规划，将培养企业家队伍与实施国家重大战略同步谋划、同步推进，鼓励支持更多具有创新创业能力的人才脱颖而出，在实践中培养一批具有全球战略眼光、市场开拓精神、管理创新能力和社会责任感的优秀企业家。

26. 发挥优秀企业家示范带动作用。总结优秀企业家典型案例，对爱国敬业、遵纪守法、艰苦奋斗、创新发展、专注品质、追求卓越、诚信守约、履行责任、勇于担当、服务社会等有突出贡献的优秀企业家，以适当方式予以表彰和宣传，发挥示范带动作用。强化优秀企业家精神研究，支持高等学校、科研院所与行业协会商会、知名企业合作，总结富有中国特色、顺应时代潮流的企业家成长规律。

27. 加强企业家教育培训。以强化忠诚意识、拓展世界眼光、提高战略思维、增强创新精神、锻造优秀品行为重点，加快建立健全企业家培训体系。支持高等学校、科研院所、行业协会商会等开展精准化的理论培训、政策培训、科技培训、管理培训、法规培训，全面增强企业家发现机会、整合资源、创造价值、回馈社会的能力。建立健全创业辅导制度，支持发展创客学院，发挥企业家组织的积极作用，培养年轻一代企业家。加大党校、行政学院等机构对企业家的培训力度。搭建各类企业家互相学习交流平台，促进优势互补、共同提高。组织开展好企业家活动日等形式多样的交流培训。

十、加强党对企业家队伍建设的领导

28. 加强党对企业家队伍的领导。坚持党对国有企业的领导，全面加强国有企业党的建设，发挥国有企业党组织领导作用。增强国有企业家坚持党的领导、主动抓企业党建意识，建好、用好、管好一支对党忠诚、勇于创新、治企有方、兴企有为、清正廉洁的国有企业家队伍。教育引导民营企业家拥护党的领导，支持企业党建工作。建立健全非公有制企业党建工作机制，积极探索党建工作多种方式，努力扩大非公有制企业党的组织和工作覆盖。充分发挥党组织在职工群众中的政治核心作用、在企业发展中的政治引领作用。

29. 发挥党员企业家先锋模范作用。强化对党员企业家日常教育管理基础性工作，加强党性教育、宗旨教育、警示教育，教育党员企业家牢固树立政治意识、大局意识、核心意识、看齐意识，严明政治纪律和政治规矩，坚定理想信念，坚决执行党的基本路线和各项方针政策，把爱党、忧党、兴党、护党落实到经营管理各项工作中，率先垂范，用实际行动彰显党员先锋模范作用。

各地区各部门要充分认识营造企业家健康成长环境、弘扬优秀企业家精神、更好发挥企业家作用的重要性，统一思想，形成共识和合力，制定和细化具体政策措施，加大面向企业家的政策宣传和培训力度，狠抓贯彻落实。国家发展改革委要会同有关方面分解工作任务，对落实情况定期督察和总结评估，确保各项举措落到实处、见到实效。

国务院关于鼓励和引导民间投资健康发展的若干意见

国发〔2010〕13 号

各省、自治区、直辖市人民政府，国务院各部委、各直属机构：

改革开放以来，我国民间投资不断发展壮大，已经成为促进经济发展、调整产业结构、繁荣城乡市场、扩大社会就业的重要力量。在毫不动摇地巩固和发展公有制经济的同时，毫不动摇地鼓励、支持和引导民营经济发展，进一步鼓励和引导民间投资，有利于坚持和完善我国社会主义初级阶段基本经济制度，以现代产权制度为基础发展混合所有制经济，推动各种所有制经济平等竞争、共同发展；有利于完善社会主义市场经济体制，充分发挥市场配置资源的基础性作用，建立公平竞争的市场环境；有利于激发经济增长的内生动力，稳固可持续发展的基础，促进经济长期平稳较快发展；有利于扩大社会就业，增加居民收入，拉动国内消费，促进社会和谐稳定。为此，提出以下意见：

一、进一步拓宽民间投资的领域和范围

（一）深入贯彻落实《国务院关于鼓励支持和引导个体私营等民营经济发展的若干意见》（国发〔2005〕3 号）等一系列政策措施，鼓励和引导民间资本进入法律法规未明确禁止准入的行业和领域。规范设置投资准入门槛，创造公平竞争、平等准入的市场环境。市场准入标准和优惠扶持政策要公开透明，对各类投资主体同等对待，不得单对民间资本设置附加条件。

（二）明确界定政府投资范围。政府投资主要用于关系国家安全、市场不能有效配置资源的经济和社会领域。对于可以实行市场化运作的基础设施、市政工程和其他公共服务领域，应鼓励和支持民间资本进入。

（三）进一步调整国有经济布局和结构。国有资本要把投资重点放在不断加强和巩固关系国民经济命脉的重要行业和关键领域，在一般竞争性领域，要为民间资本营造更广阔的市场空间。

（四）积极推进医疗、教育等社会事业领域改革。将民办社会事业作为社会公共事业发展的重要补充，统筹规划，合理布局，加快培育形成政

府投入为主、民间投资为辅的公共服务体系。

二、鼓励和引导民间资本进入基础产业和基础设施领域

（五）鼓励民间资本参与交通运输建设。鼓励民间资本以独资、控股、参股等方式投资建设公路、水运、港口码头、民用机场、通用航空设施等项目。抓紧研究制定铁路体制改革方案，引入市场竞争，推进投资主体多元化，鼓励民间资本参与铁路干线、铁路支线、铁路轮渡以及站场设施的建设，允许民间资本参股建设煤运通道、客运专线、城际轨道交通等项目。探索建立铁路产业投资基金，积极支持铁路企业加快股改上市，拓宽民间资本进入铁路建设领域的渠道和途径。

（六）鼓励民间资本参与水利工程建设。建立收费补偿机制，实行政府补贴，通过业主招标、承包租赁等方式，吸引民间资本投资建设农田水利、跨流域调水、水资源综合利用、水土保持等水利项目。

（七）鼓励民间资本参与电力建设。鼓励民间资本参与风能、太阳能、地热能、生物质能等新能源产业建设。支持民间资本以独资、控股或参股形式参与水电站、火电站建设，参股建设核电站。进一步放开电力市场，积极推进电价改革，加快推行竞价上网，推行项目业主招标，完善电力监管制度，为民营发电企业平等参与竞争创造良好环境。

（八）鼓励民间资本参与石油天然气建设。支持民间资本进入油气勘探开发领域，与国有石油企业合作开展油气勘探开发。支持民间资本参股建设原油、天然气、成品油的储运和管道输送设施及网络。

（九）鼓励民间资本参与电信建设。鼓励民间资本以参股方式进入基础电信运营市场。支持民间资本开展增值电信业务。加强对电信领域垄断和不正当竞争行为的监管，促进公平竞争，推动资源共享。

（十）鼓励民间资本参与土地整治和矿产资源勘探开发。积极引导民间资本通过招标投标形式参与土地整理、复垦等工程建设，鼓励和引导民间资本投资矿山地质环境恢复治理，坚持矿业权市场全面向民间资本开放。

三、鼓励和引导民间资本进入市政公用事业和政策性住房建设领域

（十一）鼓励民间资本参与市政公用事业建设。支持民间资本进入城市供水、供气、供热、污水和垃圾处理、公共交通、城市园林绿化等领域。鼓励民间资本积极参与市政公用企事业单位的改组改制，具备条件的市政公用事业项目可以采取市场化的经营方式，向民间资本转让产权或经营权。

（十二）进一步深化市政公用事业体制改革。积极引入市场竞争机制，大力推行市政公用事业的投资主体、运营主体招标制度，建立健全市政公用事业特许经营制度。改进和完善政府采购制度，建立规范的政府监管和财政补贴机制，加快推进市政公用产品价格和收费制度改革，为鼓励和引导民间资本进入市政公用事业领域创造良好的制度环境。

（十三）鼓励民间资本参与政策性住房建设。支持和引导民间资本投资建设经济适用住房、公共租赁住房等政策性住房，参与棚户区改造，享受相应的政策性住房建设政策。

四、鼓励和引导民间资本进入社会事业领域

（十四）鼓励民间资本参与发展医疗事业。支持民间资本兴办各类医院、社区卫生服务机构、疗养院、门诊部、诊所、卫生所（室）等医疗机构，参与公立医院转制改组。支持民营医疗机构承担公共卫生服务、基本医疗服务和医疗保险定点服务。切实落实非营利性医疗机构的税收政策。鼓励医疗人才资源向民营医疗机构合理流动，确保民营医疗机构在人才引进、职称评定、科研课题等方面与公立医院享受平等待遇。从医疗质量、医疗行为、收费标准等方面对各类医疗机构加强监管，促进民营医疗机构健康发展。

（十五）鼓励民间资本参与发展教育和社会培训事业。支持民间资本兴办高等学校、中小学校、幼儿园、职业教育等各类教育和社会培训机构。修改完善《中华人民共和国民办教育促进法实施条例》，落实对民办学校的人才鼓励政策和公共财政资助政策，加快制定和完善促进民办教育发展的金融、产权和社保等政策，研究建立民办学校的退出机制。

（十六）鼓励民间资本参与发展社会福利事业。通过用地保障、信贷支持和政府采购等多种形式，鼓励民间资本投资建设专业化的服务设施，兴办养（托）老服务和残疾人康复、托养服务等各类社会福利机构。

（十七）鼓励民间资本参与发展文化、旅游和体育产业。鼓励民间资本从事广告、印刷、演艺、娱乐、文化创意、文化会展、影视制作、网络文化、动漫游戏、出版物发行、文化产品数字制作与相关服务等活动，建设博物馆、图书馆、文化馆、电影院等文化设施。鼓励民间资本合理开发旅游资源，建设旅游设施，从事各种旅游休闲活动。鼓励民间资本投资生产体育用品，建设各类体育场馆及健身设施，从事体育健身、竞赛表演等活动。

五、鼓励和引导民间资本进入金融服务领域

（十八）允许民间资本兴办金融机构。在加强有效监管、促进规范经营、防范金融风险的前提下，放宽对金融机构的股比限制。支持民间资本以入股方式参与商业银行的增资扩股，参与农村信用社、城市信用社的改制工作。鼓励民间资本发起或参与设立村镇银行、贷款公司、农村资金互助社等金融机构，放宽村镇银行或社区银行中法人银行最低出资比例的限制。落实中小企业贷款税前全额拨备损失准备金政策，简化中小金融机构呆账核销审核程序。适当放宽小额贷款公司单一投资者持股比例限制，对小额贷款公司的涉农业务实行与村镇银行同等的财政补贴政策。支持民间资本发起设立信用担保公司，完善信用担保公司的风险补偿机制和风险分担机制。鼓励民间资本发起设立金融中介服务机构，参与证券、保险等金融机构的改组改制。

六、鼓励和引导民间资本进入商贸流通领域

（十九）鼓励民间资本进入商品批发零售、现代物流领域。支持民营批发、零售企业发展，鼓励民间资本投资连锁经营、电子商务等新型流通业态。引导民间资本投资第三方物流服务领域，为民营物流企业承接传统制造业、商贸业的物流业务外包创造条件，支持中小型民营商贸流通企业协作发展共同配送。加快物流业管理体制改革，鼓励物流基础设施的资源整合和充分利用，促进物流企业网络化经营，搭建便捷高效的融资平台，创造公平、规范的市场竞争环境，推进物流服务的社会化和资源利用的市场化。

七、鼓励和引导民间资本进入国防科技工业领域

（二十）鼓励民间资本进入国防科技工业投资建设领域。引导和支持民营企业有序参与军工企业的改组改制，鼓励民营企业参与军民两用高技术开发和产业化，允许民营企业按有关规定参与承担军工生产和科研任务。

八、鼓励和引导民间资本重组联合和参与国有企业改革

（二十一）引导和鼓励民营企业利用产权市场组合民间资本，促进产权合理流动，开展跨地区、跨行业兼并重组。鼓励和支持民间资本在国内合理流动，实现产业有序梯度转移，参与西部大开发、东北地区等老工业基地振兴、中部地区崛起以及新农村建设和扶贫开发。支持有条件的民营企业通过联合重组等方式做大做强，发展成为特色突出、市场竞争力强的集团化公司。

（二十二）鼓励和引导民营企业通过参股、控股、资产收购等多种形式，参与国有企业的改制重组。合理降低国有控股企业中的国有资本比例。民营企业在参与国有企业改制重组过程中，要认真执行国家有关资产处置、债务处理和社会保障等方面的政策要求，依法妥善安置职工，保证企业职工的正当权益。

九、推动民营企业加强自主创新和转型升级

（二十三）贯彻落实鼓励企业增加研发投入的税收优惠政策，鼓励民营企业增加研发投入，提高自主创新能力，掌握拥有自主知识产权的核心技术。帮助民营企业建立工程技术研究中心、技术开发中心，增加技术储备，搞好技术人才培训。支持民营企业参与国家重大科技计划项目和技术攻关，不断提高企业技术水平和研发能力。

（二十四）加快实施促进科技成果转化的鼓励政策，积极发展技术市场，完善科技成果登记制度，方便民营企业转让和购买先进技术。加快分析测试、检验检测、创业孵化、科技评估、科技咨询等科技服务机构的建设和机制创新，为民营企业的自主创新提供服务平台。积极推动信息服务外包、知识产权、技术转移和成果转化等高技术服务领域的市场竞争，支持民营企业开展技术服务活动。

（二十五）鼓励民营企业加大新产品开发力度，实现产品更新换代。开发新产品发生的研究开发费用可按规定享受加计扣除优惠政策。鼓励民营企业实施品牌发展战略，争创名牌产品，提高产品质量和服务水平。通过加速固定资产折旧等方式鼓励民营企业进行技术改造，淘汰落后产能，加快技术升级。

（二十六）鼓励和引导民营企业发展战略性新兴产业。广泛应用信息

技术等高新技术改造提升传统产业，大力发展循环经济、绿色经济，投资建设节能减排、节水降耗、生物医药、信息网络、新能源、新材料、环境保护、资源综合利用等具有发展潜力的新兴产业。

十、鼓励和引导民营企业积极参与国际竞争

（二十七）鼓励民营企业"走出去"，积极参与国际竞争。支持民营企业在研发、生产、营销等方面开展国际化经营，开发战略资源，建立国际销售网络。支持民营企业利用自有品牌、自主知识产权和自主营销，开拓国际市场，加快培育跨国企业和国际知名品牌。支持民营企业之间、民营企业与国有企业之间组成联合体，发挥各自优势，共同开展多种形式的境外投资。

（二十八）完善境外投资促进和保障体系。与有关国家建立鼓励和促进民间资本国际流动的政策磋商机制，开展多种形式的对话交流，发展长期稳定、互惠互利的合作关系。通过签订双边民间投资合作协定、利用多边协定体系等，为民营企业"走出去"争取有利的投资、贸易环境和更多优惠政策。健全和完善境外投资鼓励政策，在资金支持、金融保险、外汇管理、质检通关等方面，民营企业与其他企业享受同等待遇。

十一、为民间投资创造良好环境

（二十九）清理和修改不利于民间投资发展的法规政策规定，切实保护民间投资的合法权益，培育和维护平等竞争的投资环境。在制订涉及民间投资的法律、法规和政策时，要听取有关商会和民营企业的意见和建议，充分反映民营企业的合理要求。

（三十）各级人民政府有关部门安排的政府性资金，包括财政预算内投资、专项建设资金、创业投资引导资金，以及国际金融组织贷款和外国政府贷款等，要明确规则、统一标准，对包括民间投资在内的各类投资主体同等对待。支持民营企业的产品和服务进入政府采购目录。

（三十一）各类金融机构要在防范风险的基础上，创新和灵活运用多种金融工具，加大对民间投资的融资支持，加强对民间投资的金融服务。各级人民政府及有关监管部门要不断完善民间投资的融资担保制度，健全创业投资机制，发展股权投资基金，继续支持民营企业通过股票、债券市场进行融资。

（三十二）全面清理整合涉及民间投资管理的行政审批事项，简化环节、缩短时限，进一步推动管理内容、标准和程序的公开化、规范化，提高行政服务效率。进一步清理和规范涉企收费，切实减轻民营企业负担。

十二、加强对民间投资的服务、指导和规范管理

（三十三）统计部门要加强对民间投资的统计工作，准确反映民间投资的进展和分布情况。投资主管部门、行业管理部门及行业协会要切实做好民间投资的监测和分析工作，及时把握民间投资动态，合理引导民间投资。要加强投资信息平台建设，及时向社会公开发布国家产业政策、发展建设规划、市场准入标准、国内外行业动态等信息，引导民间投资者正确判断形势，减少盲目投资。

（三十四）建立健全民间投资服务体系。充分发挥商会、行业协会等自律性组织的作用，积极培育和发展为民间投资提供法律、政策、咨询、财务、金融、技术、管理和市场信息等服务的中介组织。

（三十五）在放宽市场准入的同时，切实加强监管。各级人民政府有关部门要依照有关法律法规要求，切实督促民间投资主体履行投资建设手续，严格遵守国家产业政策和环保、用地、节能以及质量、安全等规定。要建立完善企业信用体系，指导民营企业建立规范的产权、财务、用工等制度，依法经营。民间投资主体要不断提高自身素质和能力，树立诚信意识和责任意识，积极创造条件满足市场准入要求，并主动承担相应的社会责任。

（三十六）营造有利于民间投资健康发展的良好舆论氛围。大力宣传党中央、国务院关于鼓励、支持和引导民营经济发展的方针、政策和措施。客观、公正宣传报道民间投资在促进经济发展、调整产业结构、繁荣城乡市场和扩大社会就业等方面的积极作用。积极宣传依法经营、诚实守信、认真履行社会责任、积极参与社会公益事业的民营企业家的先进事迹。

国务院关于进一步促进中小企业发展的若干意见

国发〔2009〕36 号

各省、自治区、直辖市人民政府，国务院各部委、各直属机构：

中小企业是我国国民经济和社会发展的重要力量，促进中小企业发展，是保持国民经济平稳较快发展的重要基础，是关系民生和社会稳定的重大战略任务。受国际金融危机冲击，去年下半年以来，我国中小企业生产经营困难。中央及时出台相关政策措施，加大财税、信贷等扶持力度，改善中小企业经营环境，中小企业生产经营出现了积极变化，但发展形势依然严峻。主要表现在：融资难、担保难问题依然突出，部分扶持政策尚未落实到位，企业负担重，市场需求不足，产能过剩，经济效益大幅下降，亏损加大等。必须采取更加积极有效的政策措施，帮助中小企业克服困难，转变发展方式，实现又好又快发展。现就进一步促进中小企业发展提出以下意见：

一、进一步营造有利于中小企业发展的良好环境

（一）完善中小企业政策法律体系。落实扶持中小企业发展的政策措施，清理不利于中小企业发展的法律法规和规章制度。深化垄断行业改革，扩大市场准入范围，降低准入门槛，进一步营造公开、公平的市场环境。加快制定融资性担保管理办法，修订《贷款通则》，修订中小企业划型标准，明确对小型企业的扶持政策。

（二）完善政府采购支持中小企业的有关制度。制定政府采购扶持中小企业发展的具体办法，提高采购中小企业货物、工程和服务的比例。进一步提高政府采购信息发布透明度，完善政府公共服务外包制度，为中小企业创造更多的参与机会。

（三）加强对中小企业的权益保护。组织开展对中小企业相关法律和政策特别是金融、财税政策贯彻落实情况的监督检查，发挥新闻舆论和社会监督的作用，加强政策效果评价。坚持依法行政，保护中小企业及其职工的合法权益。

（四）构建和谐劳动关系。采取切实有效措施，加大对劳动密集型中小企业的支持，鼓励中小企业不裁员、少裁员，稳定和增加就业岗位。对中小企业吸纳困难人员就业、签订劳动合同并缴纳社会保险费的，在相应期限内给予基本养老保险补贴、基本医疗保险补贴、失业保险补贴。对受金融危机影响较大的困难中小企业，将阶段性缓缴社会保险费或降低费率政策执行期延长至 2010 年底，并按规定给予一定期限的社会保险补贴或岗位补贴、在岗培训补贴等。中小企业可与职工就工资、工时、劳动定额进行协商，符合条件的，可向当地人力资源社会保障部门申请实行综合计算工时和不定时工作制。

二、切实缓解中小企业融资困难

（五）全面落实支持小企业发展的金融政策。完善小企业信贷考核体系，提高小企业贷款呆账核销效率，建立完善信贷人员尽职免责机制。鼓励建立小企业贷款风险补偿基金，对金融机构发放小企业贷款按增量给予适度补助，对小企业不良贷款损失给予适度风险补偿。

（六）加强和改善对中小企业的金融服务。国有商业银行和股份制银行都要建立小企业金融服务专营机构，完善中小企业授信业务制度，逐步提高中小企业中长期贷款的规模和比重。提高贷款审批效率，创新金融产品和服务方式。完善财产抵押制度和贷款抵押物认定办法，采取动产、应收账款、仓单、股权和知识产权质押等方式，缓解中小企业贷款抵质押不足的矛盾。对商业银行开展中小企业信贷业务实行差异化的监管政策。建立和完善中小企业金融服务体系。加快研究鼓励民间资本参与发起设立村镇银行、贷款公司等股份制金融机构的办法；积极支持民间资本以投资入股的方式，参与农村信用社改制为农村商业（合作）银行、城市信用社改制为城市商业银行以及城市商业银行的增资扩股。支持、规范发展小额贷款公司，鼓励有条件的小额贷款公司转为村镇银行。

（七）进一步拓宽中小企业融资渠道。加快创业板市场建设，完善中小企业上市育成机制，扩大中小企业上市规模，增加直接融资。完善创业投资和融资租赁政策，大力发展创业投资和融资租赁企业。鼓励有关部门和地方政府设立创业投资引导基金，引导社会资金设立主要支持中小企业的创业投资企业，积极发展股权投资基金。发挥融资租赁、典当、信托等融资方式在中小企业融资中的作用。稳步扩大中小企业集合债券和短期融资券的发行规模，积极培育和规范发展产权交易市场，为中小企业产权和股权交易提供服务。

（八）完善中小企业信用担保体系。设立包括中央、地方财政出资和企业联合组建的多层次中小企业融资担保基金和担保机构。各级财政要加大支持力度，综合运用资本注入、风险补偿和奖励补助等多种方式，提高担保机构对中小企业的融资担保能力。落实好对符合条件的中小企业信用担保机构免征营业税、准备金提取和代偿损失税前扣除的政策。国土资源、住房城乡建设、金融、工商等部门要为中小企业和担保机构开展抵押物和出质的登记、确权、转让等提供优质服务。加强对融资性担保机构的监管，引导其规范发展。鼓励保险机构积极开发为中小企业服务的保险产品。

（九）发挥信用信息服务在中小企业融资中的作用。推进中小企业信用制度建设，建立和完善中小企业信用信息征集机制和评价体系，提高中小企业的融资信用等级。完善个人和企业征信系统，为中小企业融资提供方便快速的查询服务。构建守信受益、失信惩戒的信用约束机制，增强中小企业信用意识。

三、加大对中小企业的财税扶持力度

（十）加大财政资金支持力度。逐步扩大中央财政预算扶持中小企业发展的专项资金规模，重点支持中小企业技术创新、结构调整、节能减排、开拓市场、扩大就业，以及改善对中小企业的公共服务。加快设立国家中小企业发展基金，发挥财政资金的引导作用，带动社会资金支持中小企业发展。地方财政也要加大对中小企业的支持力度。

（十一）落实和完善税收优惠政策。国家运用税收政策促进中小企业发展，具体政策由财政部、税务总局会同有关部门研究制定。为有效应对国际金融危机，扶持中小企业发展，自 2010 年 1 月 1 日至 2010 年 12 月 31 日，对年应纳税所得额低于 3 万元（含 3 万元）的小型微利企业，其所得减按 50% 计入应纳税所得额，按 20% 的税率缴纳企业所得税。中小企业投资国家鼓励类项目，除《国内投资项目不予免税的进口商品目录》所列商品外，所需的进口自用设备以及按照合同随设备进口的技术及配套件、备件，免征进口关税。中小企业缴纳城镇土地使用税确有困难的，可按有关规定向省级财税部门或省级人民政府提出减免税申请。中小企业因有特殊

困难不能按期纳税的，可依法申请在三个月内延期缴纳。

（十二）进一步减轻中小企业社会负担。凡未按规定权限和程序批准的行政事业性收费项目和政府性基金项目，均一律取消。全面清理整顿涉及中小企业的收费，重点是行政许可和强制准入的中介服务收费、具有垄断性的经营服务收费，能免则免，能减则减，能缓则缓。严格执行收费项目公示制度，公开前置性审批项目、程序和收费标准，严禁地方和部门越权设立行政事业性收费项目，不得擅自将行政事业性收费转为经营服务性收费。进一步规范执收行为，全面实行中小企业缴费登记卡制度，设立各级政府中小企业负担举报电话。健全各级政府中小企业负担监督制度，严肃查处乱收费、乱罚款及各种摊派行为。任何部门和单位不得通过强制中小企业购买产品、接受指定服务等手段牟利。严格执行税收征收管理法律法规，不得违规向中小企业提前征税或者摊派税款。

四、加快中小企业技术进步和结构调整

（十三）支持中小企业提高技术创新能力和产品质量。支持中小企业加大研发投入，开发先进适用的技术、工艺和设备，研制适销对路的新产品，提高产品质量。加强产学研联合和资源整合，加强知识产权保护，重点在轻工、纺织、电子等行业推进品牌建设，引导和支持中小企业创建自主品牌。支持中华老字号等传统优势中小企业申请商标注册，保护商标专用权，鼓励挖掘、保护、改造民间特色传统工艺，提升特色产业。

（十四）支持中小企业加快技术改造。按照重点产业调整和振兴规划要求，支持中小企业采用新技术、新工艺、新设备、新材料进行技术改造。中央预算内技术改造专项投资中，要安排中小企业技术改造资金，地方政府也要安排中小企业技术改造专项资金。中小企业的固定资产由于技术进步原因需加速折旧的，可按规定缩短折旧年限或者采取加速折旧的方法。

（十五）推进中小企业节能减排和清洁生产。促进重点节能减排技术和高效节能环保产品、设备在中小企业的推广应用。按照发展循环经济的要求，鼓励中小企业间资源循环利用。鼓励专业服务机构为中小企业提供合同能源管理、节能设备租赁等服务。充分发挥市场机制作用，综合运用金融、环保、土地、产业政策等手段，依法淘汰中小企业中的落后技术、工艺、设备和产品，防止落后产能异地转移。严格控制过剩产能和"两高

"一资"行业盲目发展。对纳入环境保护、节能节水企业所得税优惠目录的投资项目，按规定给予企业所得税优惠。

（十六）提高企业协作配套水平。鼓励中小企业与大型企业开展多种形式的经济技术合作，建立稳定的供应、生产、销售等协作关系。鼓励大型企业通过专业分工、服务外包、订单生产等方式，加强与中小企业的协作配套，积极向中小企业提供技术、人才、设备、资金支持，及时支付货款和服务费用。

（十七）引导中小企业集聚发展。按照布局合理、特色鲜明、用地集约、生态环保的原则，支持培育一批重点示范产业集群。加强产业集群环境建设，改善产业集聚条件，完善服务功能，壮大龙头骨干企业，延长产业链，提高专业化协作水平。鼓励东部地区先进的中小企业通过收购、兼并、重组、联营等多种形式，加强与中西部地区中小企业的合作，实现产业有序转移。

（十八）加快发展生产性服务业。鼓励支持中小企业在科技研发、工业设计、技术咨询、信息服务、现代物流等生产性服务业领域发展。积极促进中小企业在软件开发、服务外包、网络动漫、广告创意、电子商务等新兴领域拓展，扩大就业渠道，培育新的经济增长点。

五、支持中小企业开拓市场

（十九）支持引导中小企业积极开拓国内市场。支持符合条件的中小企业参与家电、农机、汽车摩托车下乡和家电、汽车"以旧换新"等业务。中小企业专项资金、技术改造资金等要重点支持销售渠道稳定、市场占有率高的中小企业。采取财政补助、降低展费标准等方式，支持中小企业参加各类展览展销活动。支持建立各类中小企业产品技术展示中心，办好中国国际中小企业博览会等展览展销活动。鼓励电信、网络运营企业以及新闻媒体积极发布市场信息，帮助中小企业宣传产品，开拓市场。

（二十）支持中小企业开拓国际市场。进一步落实出口退税等支持政策，研究完善稳定外需、促进外贸发展的相关政策措施，稳定和开拓国际市场。充分发挥中小企业国际市场开拓资金和出口信用保险的作用，加大优惠出口信贷对中小企业的支持力度。鼓励支持有条件的中小企业到境外开展并购等投资业务，收购技术和品牌，带动产品和服务出口。

（二十一）支持中小企业提高自身市场开拓能力。引导中小企业加强市场分析预测，把握市场机遇，增强质量、品牌和营销意识，改善售后服务，提高市场竞争力。提升和改造商贸流通业，推广连锁经营、特许经营等现代经营方式和新型业态，帮助和鼓励中小企业采用电子商务，降低市场开拓成本。支持餐饮、旅游、休闲、家政、物业、社区服务等行业拓展服务领域，创新服务方式，促进扩大消费。

六、努力改进对中小企业的服务

（二十二）加快推进中小企业服务体系建设。加强统筹规划，完善服务网络和服务设施，积极培育各级中小企业综合服务机构。通过资格认定、业务委托、奖励等方式，发挥工商联以及行业协会（商会）和综合服务机构的作用，引导和带动专业服务机构的发展。建立和完善财政补助机制，支持服务机构开展信息、培训、技术、创业、质量检验、企业管理等服务。

（二十三）加快中小企业公共服务基础设施建设。通过引导社会投资、财政资金支持等多种方式，重点支持在轻工、纺织、电子信息等领域建设一批产品研发、检验检测、技术推广等公共服务平台。支持小企业创业基地建设，改善创业和发展环境。鼓励高等院校、科研院所、企业技术中心开放科技资源，开展共性关键技术研究，提高服务中小企业的水平。完善中小企业信息服务网络，加快发展政策解读、技术推广、人才交流、业务培训和市场营销等重点信息服务。

（二十四）完善政府对中小企业的服务。深化行政审批制度改革，全面清理并进一步减少、合并行政审批事项，实现审批内容、标准和程序的公开化、规范化。投资、工商、税务、质检、环保等部门要简化程序、缩短时限、提高效率，为中小企业设立、生产经营等提供便捷服务。地方各级政府在制定和实施土地利用总体规划和年度计划时，要统筹考虑中小企业投资项目用地需求，合理安排用地指标。

七、提高中小企业经营管理水平

（二十五）引导和支持中小企业加强管理。支持培育中小企业管理咨询机构，开展管理咨询活动。引导中小企业加强基础管理，强化营销和风险管理，完善治理结构，推进管理创新，提高经营管理水平。督促中小企业苦练内功、降本增效，严格遵守安全、环保、质量、卫生、劳动保障等法律法规，诚实守信经营，履行社会责任。

（二十六）大力开展对中小企业各类人员的培训。实施中小企业银河培训工程，加大财政支持力度，充分发挥行业协会（商会）、中小企业培训机构的作用，广泛采用网络技术等手段，开展政策法规、企业管理、市场营销、专业技能、客户服务等各类培训。高度重视对企业经营管理者的培训，在 3 年内选择 100 万家成长型中小企业，对其经营管理者实施全面培训。

（二十七）加快推进中小企业信息化。继续实施中小企业信息化推进工程，加快推进重点区域中小企业信息化试点，引导中小企业利用信息技术提高研发、管理、制造和服务水平，提高市场营销和售后服务能力。鼓励信息技术企业开发和搭建行业应用平台，为中小企业信息化提供软硬件工具、项目外包、工业设计等社会化服务。

八、加强对中小企业工作的领导

（二十八）加强指导协调。成立国务院促进中小企业发展工作领导小组，加强对中小企业工作的统筹规划、组织领导和政策协调，领导小组办公室设在工业和信息化部。各地可根据工作需要，建立相应的组织机构和工作机制。

（二十九）建立中小企业统计监测制度。统计部门要建立和完善对中小企业的分类统计、监测、分析和发布制度，加强对规模以下企业的统计分析工作。有关部门要及时向社会公开发布发展规划、产业政策、行业动态等信息，逐步建立中小企业市场监测、风险防范和预警机制。

促进中小企业健康发展既是一项长期战略任务，也是当前保增长、扩内需、调结构、促发展、惠民生的紧迫任务。各地区、各有关部门要进一步提高认识，统一思想，结合实际，尽快制定贯彻本意见的具体办法，并切实抓好落实。

国务院关于鼓励支持和引导个体私营等
非公有制经济发展的若干意见

国发〔2005〕3号

各省、自治区、直辖市人民政府，国务院各部委、各直属机构：

公有制为主体、多种所有制经济共同发展是我国社会主义初级阶段的基本经济制度。毫不动摇地巩固和发展公有制经济，毫不动摇地鼓励、支持和引导非公有制经济发展，使两者在社会主义现代化进程中相互促进，共同发展，是必须长期坚持的基本方针，是完善社会主义市场经济体制、建设中国特色社会主义的必然要求。改革开放以来，我国个体、私营等非公有制经济不断发展壮大，已经成为社会主义市场经济的重要组成部分和促进社会生产力发展的重要力量。积极发展个体、私营等非公有制经济，有利于繁荣城乡经济、增加财政收入，有利于扩大社会就业、改善人民生活，有利于优化经济结构、促进经济发展，对全面建设小康社会和加快社会主义现代化进程具有重大的战略意义。

鼓励、支持和引导非公有制经济发展，要以邓小平理论和"三个代表"重要思想为指导，全面落实科学发展观，认真贯彻中央确定的方针政策，进一步解放思想，深化改革，消除影响非公有制经济发展的体制性障碍，确立平等的市场主体地位，实现公平竞争；进一步完善国家法律法规和政策，依法保护非公有制企业和职工的合法权益；进一步加强和改进政府监督管理和服务，为非公有制经济发展创造良好环境；进一步引导非公有制企业依法经营、诚实守信、健全管理，不断提高自身素质，促进非公有制经济持续健康发展。为此，现提出以下意见：

一、放宽非公有制经济市场准入

（一）贯彻平等准入、公平待遇原则。允许非公有资本进入法律法规未禁入的行业和领域。允许外资进入的行业和领域，也允许国内非公有资本进入，并放宽股权比例限制等方面的条件。在投资核准、融资服务、财税政策、土地使用、对外贸易和经济技术合作等方面，对非公有制企业与其他所有制企业一视同仁，实行同等待遇。对需要审批、核准和备案的事项，政府部门必须公开相应的制度、条件和程序。国家有关部门与地方人民政府要尽快完成清理和修订限制非公有制经济市场准入的法规、规章和政策性规定工作。外商投资企业依照有关法律法规的规定执行。

（二）允许非公有资本进入垄断行业和领域。加快垄断行业改革，在电力、电信、铁路、民航、石油等行业和领域，进一步引入市场竞争机制。对其中的自然垄断业务，积极推进投资主体多元化，非公有资本可以参股等方式进入；对其他业务，非公有资本可以独资、合资、合作、项目融资等方式进入。在国家统一规划的前提下，除国家法律法规等另有规定的外，允许具备资质的非公有制企业依法平等取得矿产资源的探矿权、采矿权，鼓励非公有资本进行商业性矿产资源的勘查开发。

（三）允许非公有资本进入公用事业和基础设施领域。加快完善政府特许经营制度，规范招投标行为，支持非公有资本积极参与城镇供水、供气、供热、公共交通、污水垃圾处理等市政公用事业和基础设施的投资、建设与运营。在规范转让行为的前提下，具备条件的公用事业和基础设施项目，可向非公有制企业转让产权或经营权。鼓励非公有制企业参与市政公用企业、事业单位的产权制度和经营方式改革。

（四）允许非公有资本进入社会事业领域。支持、引导和规范非公有资本投资教育、科研、卫生、文化、体育等社会事业的非营利性和营利性领域。在放开市场准入的同时，加强政府和社会监管，维护公众利益。支持非公有制经济参与公有制社会事业单位的改组改制。通过税收等相关政策，鼓励非公有制经济捐资捐赠社会事业。

（五）允许非公有资本进入金融服务业。在加强立法、规范准入、严格监管、有效防范金融风险的前提下，允许非公有资本进入区域性股份制银行和合作性金融机构。符合条件的非公有制企业可以发起设立金融中介服务机构。允许符合条件的非公有制企业参与银行、证券、保险等金融机构的改组改制。

（六）允许非公有资本进入国防科技工业建设领域。坚持军民结合、寓军于民的方针，发挥市场机制的作用，允许非公有制企业按有关规定参与军工科研生产任务的竞争以及军工企业的改组改制。鼓励非公有制企业参与军民两用高技术开发及其产业化。

（七）鼓励非公有制经济参与国有经济结构调整和国有企业重组。大力发展国有资本、集体资本和非公有资本等参股的混合所有制经济。鼓励非公有制企业通过并购和控股、参股等多种形式，参与国有企业和集体企业的改组改制改造。非公有制企业并购国有企业，参与其分离办社会职能和辅业改制，在资产处置、债务处理、职工安置和社会保障等方面，参照执行国有企业改革的相应政策。鼓励非公有制企业并购集体企业，有关部门要抓紧研究制定相应政策。

（八）鼓励、支持非公有制经济参与西部大开发、东北地区等老工业基地振兴和中部地区崛起。西部地区、东北地区等老工业基地和中部地区要采取切实有效的政策措施，大力发展非公有制经济，积极吸引非公有制企业投资建设和参与国有企业重组。东部沿海地区也要继续鼓励、支持非公有制经济发展壮大。

二、加大对非公有制经济的财税金融支持

（九）加大财税支持力度。逐步扩大国家有关促进中小企业发展专项资金规模，省级人民政府及有条件的市、县应在本级财政预算中设立相应的专项资金。加快设立国家中小企业发展基金。研究完善有关税收扶持政策。

（十）加大信贷支持力度。有效发挥贷款利率浮动政策的作用，引导和鼓励各金融机构从非公有制经济特点出发，开展金融产品创新，完善金融服务，切实发挥银行内设中小企业信贷部门的作用，改进信贷考核和奖惩管理方式，提高对非公有制企业的贷款比重。城市商业银行和城市信用社要积极吸引非公有资本入股；农村信用社要积极吸引农民、个体工商户和中小企业入股，增强资本实力。政策性银行要研究改进服务方式，扩大为非公有制企业服务的范围，提供有效的金融产品和服务。鼓励政策性银行依托地方商业银行等中小金融机构和担保机构，开展以非公有制中小企业为主要服务对象的转贷款、担保贷款等业务。

（十一）拓宽直接融资渠道。非公有制企业在资本市场发行上市与国有企业一视同仁。在加快完善中小企业板块和推进制度创新的基础上，分步推进创业板市场，健全证券公司代办股份转让系统的功能，为非公有制企业利用资本市场创造条件。鼓励符合条件的非公有制企业到境外上市。规范和发展产权交易市场，推动各类资本的流动和重组。鼓励非公有制经济以股权融资、项目融资等方式筹集资金。建立健全创业投资机制，支持中小投资公司的发展。允许符合条件的非公有制企业依照国家有关规定发行企业债券。

（十二）鼓励金融服务创新。改进对非公有制企业的资信评估制度，对符合条件的企业发放信用贷款。对符合有关规定的企业，经批准可开展工业产权和非专利技术等无形资产的质押贷款试点。鼓励金融机构开办融资租赁、公司理财和账户托管等业务。改进保险机构服务方式和手段，开展面向非公有制企业的产品和服务创新。支持非公有制企业依照有关规定吸引国际金融组织投资。

（十三）建立健全信用担保体系。支持非公有制经济设立商业性或互助性信用担保机构。鼓励有条件的地区建立中小企业信用担保基金和区域性信用再担保机构。建立和完善信用担保的行业准入、风险控制和补偿机制，加强对信用担保机构的监管。建立健全担保业自律性组织。

三、完善对非公有制经济的社会服务

（十四）大力发展社会中介服务。各级政府要加大对中介服务机构的支持力度，坚持社会化、专业化、市场化原则，不断完善社会服务体系。支持发展创业辅导、筹资融资、市场开拓、技术支持、认证认可、信息服务、管理咨询、人才培训等各类社会中介服务机构。按照市场化原则，规范和发展各类行业协会、商会等自律性组织。整顿中介服务市场秩序，规范中介服务行为，为非公有制经济营造良好的服务环境。

（十五）积极开展创业服务。进一步落实国家就业和再就业政策，加大对自主创业的政策扶持，鼓励下岗失业人员、退役士兵、大学毕业生和归国留学生等各类人员创办小企业，开发新岗位，以创业促就业。各级政府要支持建立创业服务机构，鼓励为初创小企业提供各类创业服务和政策支持。对初创小企业，可按照行业特点降低公司注册资本限额，允许注册资金分期到位，减免登记注册费用。

（十六）支持开展企业经营者和员工培训。根据非公有制经济的不同需求，开展多种形式的培训。整合社会资源，创新培训方式，形成政府引导、社会支持和企业自主相结合的培训机制。依托大专院校、各类培训机构和企业，重点开展法律法规、产业政策、经营管理、职业技能和技术应用等方面的培训，各级政府应给予适当补贴和资助。企业应定期对职工进行专业技能培训和安全知识培训。

（十七）加强科技创新服务。要加大对非公有制企业科技创新活动的支持，加快建立适合非公有制中小企业特点的信息和共性技术服务平台，推进非公有制企业的信息化建设。大力培育技术市场，促进科技成果转化和技术转让。科技中介服务机构要积极为非公有制企业提供科技咨询、技术推广等专业化服务。引导和支持科研院所、高等院校与非公有制企业开展多种形式的产学研联合。鼓励国有科研机构向非公有制企业开放试验室，充分利用现有科技资源。支持非公有资本创办科技型中小企业和科研开发机构。鼓励有专长的离退休人员为非公有制企业提供技术服务。切实保护单位和个人知识产权。

（十八）支持企业开拓国内外市场。改进政府采购办法，在政府采购中非公有制企业与其他企业享受同等待遇。推动信息网络建设，积极为非公有制企业提供国内外市场信息。鼓励和支持非公有制企业扩大出口和"走出去"，到境外投资兴业，在对外投资、进出口信贷、出口信用保险等方面与其他企业享受同等待遇。鼓励非公有制企业在境外申报知识产权。发挥行业协会、商会等中介组织作用，利用好国家中小企业国际市场开拓资金，支持非公有制企业开拓国际市场。

（十九）推进企业信用制度建设。加快建立适合非公有制中小企业特点的信用征集体系、评级发布制度以及失信惩戒机制，推进建立企业信用档案试点工作，建立和完善非公有制企业信用档案数据库。对资信等级较高的企业，有关登记审核机构应简化年检、备案等手续。要强化企业信用意识，健全企业信用制度，建立企业信用自律机制。

四、维护非公有制企业和职工的合法权益

（二十）完善私有财产保护制度。要严格执行保护合法私有财产的法律法规和行政规章，任何单位和个人不得侵犯非公有制企业的合法财产，不得非法改变非公有制企业财产的权属关系。按照宪法修正案规定，加快清理、修订和完善与保护合法私有财产有关的法律法规和行政规章。

（二十一）维护企业合法权益。非公有制企业依法进行的生产经营活动，任何单位和个人不得干预。依法保护企业主的名誉、人身和财产等各项合法权益。非公有制企业合法权益受到侵害时提出的行政复议等，政府部门必须及时受理，公平对待，限时答复。

（二十二）保障职工合法权益。非公有制企业要尊重和维护职工的各项合法权益，要依照《中华人民共和国劳动法》等法律法规，在平等协商

的基础上与职工签订规范的劳动合同，并健全集体合同制度，保证双方权利与义务对等；必须依法按时足额支付职工工资，工资标准不得低于或变相低于当地政府规定的最低工资标准，逐步建立职工工资正常增长机制；必须尊重和保障职工依照国家规定享有的休息休假权利，不得强制或变相强制职工超时工作，加班或延长工时必须依法支付加班工资或给予补休；必须加强劳动保护和职业病防治，按照《中华人民共和国安全生产法》等法律法规要求，切实做好安全生产与作业场所职业危害防治工作，改善劳动条件，加强劳动保护。要保障女职工合法权益和特殊利益，禁止使用童工。

（二十三）推进社会保障制度建设。非公有制企业及其职工要按照国家有关规定，参加养老、失业、医疗、工伤、生育等社会保险，缴纳社会保险费。按照国家规定建立住房公积金制度。有关部门要根据非公有制企业量大面广、用工灵活、员工流动性大等特点，积极探索建立健全职工社会保障制度。

（二十四）建立健全企业工会组织。非公有制企业要保障职工依法参加和组建工会的权利。企业工会组织实行民主管理，依法代表和维护职工合法权益。企业必须为工会正常开展工作创造必要条件，依法拨付工会经费，不得干预工会事务。

五、引导非公有制企业提高自身素质

（二十五）贯彻执行国家法律法规和政策规定。非公有制企业要贯彻执行国家法律法规，依法经营，照章纳税。服从国家的宏观调控，严格执行有关技术法规，自觉遵守环境保护和安全生产等有关规定，主动调整和优化产业、产品结构，加快技术进步，提高产品质量，降低资源消耗，减少环境污染。国家支持非公有制经济投资高新技术产业、现代服务业和现代农业，鼓励发展就业容量大的加工贸易、社区服务、农产品加工等劳动密集型产业。

（二十六）规范企业经营管理行为。非公有制企业从事生产经营活动，必须依法获得安全生产、环保、卫生、质量、土地使用、资源开采等方面的相应资格和许可。企业要强化生产、营销、质量等管理，完善各项规章制度。建立安全、环保、卫生、劳动保护等责任制度，并保证必要的投入。建立健全会计核算制度，如实编制财务报表。企业必须依法报送统计信息。加快研究改进和完善个体工商户、小企业的会计、税收、统计等管理制度。

（二十七）完善企业组织制度。企业要按照法律法规的规定，建立规范的个人独资企业、合伙企业和公司制企业。公司制企业要按照《中华人民共和国公司法》要求，完善法人治理结构。探索建立有利于个体工商户、小企业发展的组织制度。

（二十八）提高企业经营管理者素质。非公有制企业出资人和经营管理人员要自觉学习国家法律法规和方针政策，学习现代科学技术和经营管理知识，增强法制观念、诚信意识和社会公德，努力提高自身素质。引导非公有制企业积极开展扶贫开发、社会救济和"光彩事业"等社会公益性活动，增强社会责任感。各级政府要重视非公有制经济的人才队伍建设，在人事管理、教育培训、职称评定和政府奖励等方面，与公有制企业实行同等政策。建立职业经理人测评与推荐制度，加快企业经营管理人才职业化、市场化进程。

（二十九）鼓励有条件的企业做强做大。国家支持有条件的非公有制企业通过兼并、收购、联合等方式，进一步壮大实力，发展成为主业突出、市场竞争力强的大公司大集团，有条件的可向跨国公司发展。鼓励非公有制企业实施品牌发展战略，争创名牌产品。支持发展非公有制高新技术企业，鼓励其加大科技创新和新产品开发力度，努力提高自主创新能力，形成自主知识产权。国家关于企业技术改造、科技进步、对外贸易以及其他方面的扶持政策，对非公有制企业同样适用。

（三十）推进专业化协作和产业集群发展。引导和支持企业从事专业化生产和特色经营，向"专、精、特、新"方向发展。鼓励中小企业与大企业开展多种形式的经济技术合作，建立稳定的供应、生产、销售、技术开发等协作关系。通过提高专业化协作水平，培育骨干企业和知名品牌，发展专业化市场，创新市场组织形式，推进公共资源共享，促进以中小企业集聚为特征的产业集群健康发展。

六、改进政府对非公有制企业的监管

（三十一）改进监管方式。各级人民政府要根据非公有制企业生产经营特点，完善相关制度，依法履行监督和管理职能。各有关监管部门要改进监管办法，公开监管制度，规范监管行为，提高监管水平。加强监管队伍建设，提高监管人员素质。及时向社会公布有关监管信息，发挥社会监督作用。

（三十二）加强劳动监察和劳动关系协调。各级劳动保障等部门要高度重视非公有制企业劳动关系问题，加强对非公有制企业执行劳动合同、工资报酬、劳动保护和社会保险等法规、政策的监督检查。建立和完善非公有制企业劳动关系协调机制，健全劳动争议处理制度，及时化解劳动争议，促进劳动关系和谐，维护社会稳定。

（三十三）规范国家行政机关和事业单位收费行为。进一步清理现有行政机关和事业单位收费，除国家法律法规和国务院财政、价格主管部门规定的收费项目外，任何部门和单位无权向非公有制企业强制收取任何费用，无权以任何理由强行要求企业提供各种赞助费或接受有偿服务。要严格执行收费公示制度和收支两条线的管理规定，企业有权拒绝和举报无证收费和不合法收费行为。各级人民政府要加强对各类收费的监督检查，严肃查处乱收费、乱罚款及各种摊派行为。

七、加强对发展非公有制经济的指导和政策协调

（三十四）加强对非公有制经济发展的指导。各级人民政府要根据非公有制经济发展的需要，强化服务意识，改进服务方式，创新服务手段。要将非公有制经济发展纳入国民经济和社会发展规划，加强对非公有制经济发展动态的监测和分析，及时向社会公布有关产业政策、发展规划、投资重点和市场需求等方面的信息。建立促进非公有制经济发展的工作协调机制和部门联席会议制度，加强部门之间配合，形成促进非公有制经济健康发展的合力。要充分发挥各级工商联在政府管理非公有制企业方面的助手作用。统计部门要改进和完善现行统计制度，及时准确反映非公有制经济发展状况。

（三十五）营造良好的舆论氛围。大力宣传党和国家鼓励、支持和引导非公有制经济发展的方针政策与法律法规，宣传非公有制经济在社会主义现代化建设中的重要地位和作用，宣传和表彰非公有制经济中涌现出的先进典型，形成有利于非公有制经济发展的良好社会舆论环境。

（三十六）认真做好贯彻落实工作。各地区、各部门要加强调查研究，抓紧制订和完善促进非公有制经济发展的具体措施及配套办法，认真解决非公有制经济发展中遇到的新问题，确保党和国家的方针政策落到实处，促进非公有制经济健康发展。

附录 B　实地调研座谈访谈提纲

中央社院统一战线高端智库课题：新时代非公有制经济人士
履行社会责任测评分析与对策研究（ZK20190139）

提纲用于召开座谈会、学员小组讨论及单独面谈、电话访谈。

1. 非公有制经济人士参与社会公益慈善和捐助活动的意愿和方式是什么？

2. 非公有制经济人士的精神信仰和价值观导向是什么？

3. 当前非公有制经济发展面临的挑战和制约因素是什么？

4. 简单谈谈对当地政商关系与营商环境的看法。

5. 非公有制经济人士的政治安排与评优表彰情况如何？

6. 简单谈谈创业成功的路径及对当前经济发展态势的看法。

7. 企业发展的行业代表性与经济贡献度如何？

8. 简单谈谈对政府部门办事效率的看法及改进建议。

9. 企业在发展过程中是否遇到吃、拿、卡、要的检查与执法？谈谈相应的应对措施。

10. 企业和个人权益维护方面是否受到不公正对待？

附录 C 问卷测评表格

中央社院统一战线高端智库课题：新时代非公有制经济人士
履行社会责任测评分析与对策研究（ZK20190139）

采用网络问卷调查的形式进行测评。在培训学员中进行问卷测评统计；在省、市（州）、县工商联及非公有制经济企业开展调研座谈时发放问卷进行调查测评。

1. 个人及企业获得的评优表彰包含什么？

A. 国家级　B. 省（部）级　C. 市（厅）级　D. 县（区）级

2. 当地非公有制经济人士参政议政的能力如何？

A. 好　B. 较好　C. 一般　D. 差

3. 当地非公有制经济人士政治安排的力度与透明度如何？

A. 好　B. 较好　C. 一般　D. 差

4. 当地非公有制经济人士在企业以外的组织中承担社会职务的履职状况如何？

A. 好　B. 较好　C. 一般　D. 差

5. 当地促进民营经济发展政策的落地落实情况如何？

A. 好　B. 较好　C. 一般　D. 差

6. 对当地政府主管部门服务效率的满意度如何？

A. 好　B. 较好　C. 一般　D. 差

7. 对当地党风廉政建设情况的看法如何？

A. 好　B. 较好　C. 一般　D. 差

8. 对当地政商关系健康指数的评价如何？

A. 好　B. 较好　C. 一般　D. 差

9. 所在行业市场环境公平性如何？

A. 好　B. 较好　C. 一般　D. 差

10. 当地行政执法规范程度如何?

A. 好　B. 较好　C. 一般　D. 差

11. 企业或个人权益受到侵害时权益维护和保障情况如何?

A. 好　B. 较好　C. 一般　D. 差

12. 企业在本行业的代表性如何?

A. 好　B. 较好　C. 一般　D. 差

13. 企业对当地经济的贡献程度如何?

A. 好　B. 较好　C. 一般　D. 差

14. 企业员工的福利和工资在当地属于什么水平?

A. 好　B. 较好　C. 一般　D. 差

15. 企业在诚信经营和守法经营方面的表现如何?

A. 好　B. 较好　C. 一般　D. 差

16. 您对自己所处社会阶层地位的看法如何?

A. 好　B. 较好　C. 一般　D. 差

17. 您对自己所属社会身份的认同感如何?

A. 好　B. 较好　C. 一般　D. 差

18. 您对自己在当地社会中社会形象的评价如何?

A. 好　B. 较好　C. 一般　D. 差

19. 您的个人精神信仰和价值追求方面对庸俗风气的抵制态度如何?

A. 强　B. 较强　C. 一般　D. 差

20. 企业的环境保护意识怎么样?

A. 好　B. 较好　C. 一般　D. 差

21. 您作为代表人士参加社会调研活动的实效性如何?

A. 好　B. 较好　C. 一般　D. 差

22. 您对统战系统组织的理论培训的满意度如何?

A. 好　B. 较好　C. 一般　D. 差

23. 企业参与创新创业或混合所有制改革的力度如何?

A. 强　B. 较强　C. 一般　D. 差

24. 企业参加公益慈善和社会捐助活动的积极性如何?

A. 好　B. 较好　C. 一般　D. 差

25. 企业参与扶贫攻坚及乡村振兴事业的力度如何?

A. 大　B. 较大　C. 一般　D. 差

后　记

　　2006 年 7 月我于四川大学政治学院研究生学成毕业，师从导师郑晔教授，研究方向为社会主义市场经济，完成学位论文《西部农民家庭可持续消费研究》。毕业后，我长期在四川省社会主义学院从事民营经济发展相关理论政策及实践的教学科研工作，先后开发"我国非公有制经济发展的政策演进""民营经济发展回顾与展望""新时代民营经济统战工作"等专题课程。

　　2020 年，我主持完成省部级课题"新时代非公有制经济人士履行社会责任测评分析与对策研究"（中央社会主义学院统一战线高端智库项目 ZK20190139）。2020 年、2021 年，我先后执笔完成调研报告《新时代民营企业家的结构变化、思想态度与社会行为研究》与《促进民营经济创新发展研究》，并获评"中共四川省委统战部理论研究优秀成果"奖。2016 年，我执笔完成的研究报告《引导非公有制经济人士弘扬企业家精神研究》被中共四川省委统战部《调研参阅》2016 年 7 月 5 日第 26 期采纳。本书稿逐渐构思成形就是建立在上述研究成果的基础之上。

　　本书的出版得到四川省社会主义学院的科研资助。同时，还要感谢四川统一战线研究智库课题组在完成省委统一战线智库项目"四川省政商环境改革与民营企业家精神培育研究"中提供的研究支持，作为课题组成员之一，我特别感谢四川省社会主义学院颜旭教授、西南财经大学王新教授及四川省社会主义学院王蓉副教授提供的具有较高价值的研究分析材料，本书的第五章"我国民营经济发展——以四川省为例"来源于课题组研究成果。另外，对于本书编辑耐心细致、严谨认真的工作付出，在此一并致以谢意。

程林顺

2023 年 8 月